聊天會不會啊

教你天橋下說書人的本事！

修訂版

劉燁，劉惠丞 著

▶ 全面解析溝通技巧，具體提升社交能力
▶ 系統剖析語言策略，靈活應對各類情境
▶ 深入探索心理因素，實現高效人際交流

好好說話不凸槌，一本社恐者必備的聊天攻略手冊；
讓你在各種情境中自信表達，完美掌控對話節奏！

目 錄

005　　前言
007　　第一講　破解口才困境的祕密
037　　第二講　輕鬆與陌生人快速熟絡
053　　第三講　打破僵局的高效策略
065　　第四講　巧妙說「不」的藝術
079　　第五講　潤物細無聲的讚美之道
101　　第六講　掌握批評的分寸感
123　　第七講　輕鬆應對面試的技巧
139　　第八講　日常幽默的妙用
153　　第九講　電話溝通的技巧與策略
169　　第十講　即興發言的制勝法寶

目錄

- 185　第十一講　談判中的不敗策略
- 205　第十二講　說服他人的絕對祕訣
- 241　第十三講　掌控情感磁場的藝術

前言

　　古希臘寓言中說道:「舌頭這東西的確是個怪物,它能用最美好的詞語來讚譽你,也可以用最惡毒的言詞來詛咒你,它能把螞蟻說成大象,也能把小丑說成國王。」可見,說話大有學問。

　　善於說話的人,可以流利地表達自己的意圖,也能把道理說清楚、動聽,使別人樂意接受。有些人口若懸河、出口成章,描繪多少金玉良言、絕詞妙句、豪言壯語、警世箴言,頗善言健談。可又有些人信口雌黃、搬弄是非,製造多少廢話、蠢話。是的,說話輕浮,舉止也草率,長舌頭和頭腦簡單兩者就是兄弟。但語言又有它奇異之處,一句話可以把人逗得大笑,另一句話又可以把人氣得跳腳。常言道:「良言一句三冬暖,惡語傷人六月寒。」人言可畏,舌頭底下可以壓死人。言語是思想的衣裳,在粗俗和優美的措辭中,展現不同的品格,在不知不覺、有意無意間為別人描繪自己的輪廓和畫像。

　　在說話的背後,展現了一個人全部的品格、修養、才學和城府。在今天這樣的資訊時代、文明社會,探討學問、接洽事務、交換資訊、傳授技藝,還有交際應酬、傳遞情感和

前言

娛樂消遣都離不開口才。另外，看一個人是否有潛能，這種潛能能否表現出來，在很大程度上也取決於他說話的能力。

而我們知道口才不是先天造就的，完全可以透過自我訓練來提升。因此，說，還是不說？說什麼？怎麼說？和誰說？是一種文化，是一門藝術。掌握這門藝術，就能駕馭奇妙的舌頭，改變自己的一生。

本書不僅教我們敢說，還教我們會說。本書從如何走出口才「陷阱」作為切入點，告訴人們恐懼心理並非偶然，內心膽怯是可以克服的。發現自我的口語傳播障礙，樹立勇氣和信心，如此才能與陌生人「一見如故」。輕鬆打破僵局，說話鏗鏘有力，從此告別當眾發言就臉紅心跳的日子。

本書講一般情況，解決實際問題，突破現實難題，為你提供一種即學即用的口才方法，用以提高業績，活絡交際，直到成就一生！

第一講　破解口才困境的祕密

心亂如麻、膽顫心驚、金口難開⋯⋯是為什麼？想說又不敢說，也不會說，又是為什麼？說了，可「舌頭總傷人」、「言多必失」⋯⋯究竟是為什麼呢？看來，要想在眾人面前淋漓盡致地表達自我，得先從診斷自我的要害做起。

● 第一講　破解口才困境的祕密

克服說話恐懼的心理

怯場並不可怕，可怕的是怕怯場。不要老是以為別人比你強多少，做人臉皮還是厚點好。

善於言辭，無疑對每個人的事業和生活都裨益無窮；能言善辯、口若懸河的演說家，更是令人羨慕，使人崇拜。但是，在我們的生活中畢竟不是每個人都擁有高超的語言技巧，我們周圍也確實有不少不善說話、沉默寡言之人。

一些人天生性格內向、孤僻，存在著對說話的膽怯心理。

「我總是不敢在人面前講話、發言，那會使我心跳加快，腦中一片空白……」有人坦然地承認自己對說話的膽怯，而且對此頗為苦惱。

每一個說話膽怯的人經常以為怯場的只有自己，認為別人並沒有這個問題，且總是在想：「為什麼會這樣呢？」其實，那並非某個人特有的現象，只不過別人對於怯場狀態不太注意而已。

心理學家透過研究發現，大凡是人，都或多或少在說話方面都有著不自信的心理，而緊張和恐懼便是這些不自信心

理的突出表現形式，是影響人們進行正常說話和語言交流的最大障礙。

每當我們打開電視時，時常會被一些瀟灑大方、表達自如的節目主持人所折服；每當我們打開收音機時，也往往會為一些口若懸河、音色優美的主持人所傾倒。其實，他們也並非如我們所想像的那樣說話不加思索，應付自如。他們其實也常常怯場。據聞，日本某演員臨近自己拍片的時候就想上廁所，甚至一去就是五分鐘。美國某廣播節目主持人，起初每次開播前，都要先到浴室洗一次澡，不這樣，主持時就不能鎮定自若。如果碰到外出進行現場直播，他便不得不提前到達目的地，並在直播現場尋找浴室。

既然人人都有可能出現說話膽怯的情況，怯場就是一件非常正常的事。怯場時，明顯症狀是臉紅、心撲通撲通地跳、語無倫次、詞不達意等等。如果此刻說話者想到：「怯場啦！怎麼辦呀！」他就會因慌張而說不出話來。但是，如果他當時想到的是：「換了任何一個人遇到這種狀況，都會怯場。」他便會隨之鎮靜下來，很快恢復正常。所以，正確地對待怯場非常重要。

美國某年輕議員在向一位年老而富有經驗的議員請教時說：「我在演講之前，心裡老是撲通撲通跳，這是否正常？」年老的議員則回答道：「那是因為你認真考慮你要說的話，

第一講　破解口才困境的祕密

這是必然的。即使你到了我這個年齡，也難免會出現如此情況。」

臺灣某位歌星也這樣說過：「每當面對觀眾，如果我不怯場，那麼我做歌手的生命也就停止了。」此話顯示了這名歌星對於每一次演唱都是全力以赴，認真對待。如果他馬馬虎虎地行事，覺得隨便地唱完就行了，那麼他可能也就喪失了對於完美演出的執著。

由此可見，畏懼說話是一種非常正常而又極其普遍的情況，它有可能發生在每一個人任何一次與他人的交談中，而絕非個別語言方面的缺陷。那些常因自己說話膽怯而煩惱的人，大可不必為此擔心，而應該振作精神，努力克服這種困難。

恐懼背後的深層原因

早知道恐懼的原因這麼簡單，當初狂亂的心算是白跳了！

雖然人人都可能會有畏懼說話的心理，但造成這種心理的原因卻又可能是千差萬別的。比如：有些人可以跟親朋好友說上一兩個小時；有些人打起電話來一聊就是老半天，話題源源不斷，越說越起勁。且經常能說出一些讓人大笑或使人感興趣的事來，可謂是相當健談。但是，真正到了正式場合，面對一大群人或是廣播用的麥克風，他們就不知所措了。這是為什麼呢？

有的學者透過長期觀察發現，造成這種緊張、恐懼心理的原因主要有兩種：

第一，不想出醜。這些人的想法是，只要我不在他人面前暴露自己，別人也就不會知道我的缺點。但是一旦在眾人面前說話，自己的粗淺根底、拙劣看法都會一覽無遺，那麼從此以後，哪有自己的立足之地？所以，不說話更穩妥。

其實，只要你認真地發揮，誠誠懇懇地把話說出來，不要不懂裝懂，相信也會有不錯的表現。

第二，不知道該如何組織說話的內容，就像被硬拉到陌

第一講　破解口才困境的祕密

生的世界一樣，所以會感到驚慌。

但只要我們看清造成自己緊張、恐懼的心理原因，合理地分析它，就會意外地發現根本沒有什麼好怕的。

有些人怕自己才疏學淺被別人知道，於是就裝出一副什麼都懂的樣子，結果弄巧成拙、貽笑大方，實在可憐可鄙，而且根本沒有必要。

試想，一個不善言辭的人和一個一流的演說家，同樣在人前發表意見時，誰的壓力比較大呢？對於一個不善言辭的人，臺下聽眾或社會上的人並不會對他有多大的期待，只要略為思考一下因果關係，就不應該緊張了，也能安心了。然而，對於知識淵博、談吐自如的演說家，大家卻都對他寄予厚望，會在他的演講上錄音、做筆記，而在這樣高度的關心和注意下，理所當然會造成臺上的人心中無比的壓力。因此，那些被視為大人物的人在上臺演講或致詞前，心裡是更加緊張的，只不過因著自制與長期練習，讓別人很難看得出而已。

如果一位知名人物在承受巨大壓力的情況下，卻一點也不緊張的話，那只能說他毫不在乎這種壓力，但是就一位說話技巧不夠嫻熟的人來說，恐怕還很難達到這種心境。他很可能在上臺之前想著：我一定要成功，不能出醜，不能失敗；有時候甚至祈禱：願上帝保佑我成功說話。然而，一流的演

恐懼背後的深層原因

說家在上臺前,唯一想的是:一定得上臺,如果演講中出了什麼差錯,也得像以前那樣輕鬆自如,盡力挽救得自然一些,切不可因出錯而不知所措、慌了手腳。

第一講　破解口才困境的祕密

走出失敗陰影的步驟

一個人是否能成功，關鍵在於他能否從失敗的陰影中走出來。有些人一輩子都淹沒在挫折、失敗的洪流中，有些人則找到成功的開關，一飛衝天！

某著名大學曾有這樣一名學生，每次在團體活動輪到他站起來發言時，他總是面紅耳赤，一句話也講不出來，顯得尷尬不堪。老師和同學問他緣故，他說：「以前上中學時，我參加了一次演講比賽，沒想到中間因為忘詞而導致大失敗。後來每次站在眾人前，我就會想起那件事，也就說不出話來了。」

有許多陷於怯場而說不出話的人，就像這位大學生一樣，每想起自己失敗的慘狀，要講話的意志就消失了。他們往往害怕重蹈覆轍，不斷地為往事所束縛，認為過去失敗了，這回也定將失敗，抱著自己過去失敗的慘痛經歷和灰暗的印象不放，逐漸對說話失去了勇氣和信心。

失敗乃成功之母。說話的成敗又何嘗不是如此呢？古今中外的許多著名人物也都曾在說話方面有過失敗。

英國現代傑出的戲劇家蕭伯納以幽默的演講才能著稱於

世。可是他二十歲初到倫敦時,卻羞於見人,膽子很小。若有人請他去作客,他總是先在人家門前忐忑不安地徘徊多時,而不敢直接去按門鈴。有一次,一位朋友邀請他參加學者的辯論會。在會上,他懷著一顆非常緊張的心站起來,做了有生以來的第一次演講。然而當他講完時,卻受到了別人的譏笑。這令他覺得自己似乎變成一個十足的傻瓜,遭受了奇恥大辱。可是他並不氣餒,反而開始每星期的公開演講。人們在市場、學校、公園、碼頭⋯⋯在擠滿成千上萬聽眾的大廳或只有寥寥幾人的地下室,都經常看到他慷慨陳詞的身影。最後,蕭伯納終於成了一名傑出的世界級演說大師。

而還有許多人的第一次演講,緊張的心情比蕭伯納有過之而無不及,甚至狀況更糟。

英迪拉・甘地初次登臺時,嚇得連一點聲音也發不出來,講了什麼自己也不太清楚,只聽一個聽眾在說:「她不是在講話,而是在尖叫。」她只能在一場哄堂大笑中結束了演說。而領導國際工人運動的傑出政治家克拉拉・蔡特金第一次演講時,雖然早就做過準備,可是一上臺,「要講的話一下子從腦子裡全溜掉了,大腦一片空白」。美國前總統福特初入政壇時,講話也結結巴巴,人們聽起來很不舒服,有人戲稱他為「啞巴運動員」。英國政治家大衛・喬治,則在第一次試著做公開演講時,舌頭抵著上顎,竟不能說出一個字。美國著名

第一講　破解口才困境的祕密

作家馬克‧吐溫談起他首次在公開場所演講時，形容當時嘴裡彷彿塞滿了棉花，脈搏快得像賽跑的運動員。更有甚者，英國歷史上有位叫迪斯雷利的首相曾說，他寧願領一隊騎兵去衝鋒陷陣，也不願在議院做一次演講。

上面列舉大量的事例，不外乎是想說明一個問題：成功者也曾經失敗過。但是，如果一個人總是向後看，只看到失敗，那就會畏縮不前。無論對誰而言，目標向前，塑造自己光彩、良好的形象，都是一件十分重要的事。說話失敗過的人，只有擺脫過去失敗的陰影，蔑視曾經的自己，才能戰勝失敗，成為能言善辯之人。

那麼，怎樣才能忘卻痛苦，擺脫失敗的陰影呢？不妨試試如下方法：

其一，把聽眾當作朋友或客人。不論是誰，與親密的朋友說話都不會怯場；初次見面，一想到不了解這個人，就會拘束。所以，說話者應視每一位陌生人為舊友故知。日本有位當配角的滑稽演員，為了防止怯場，常在手心寫一個「客」字，意為把觀眾當作自己熟悉的客人，別特別把他們當回事就行了。另一位日本歌手則反其道而行之，他一怯場，就自言自語地唸叨：「我是客人所喜歡的！客人都很喜歡我！」這樣一想，抗衡感就消失了，取而代之的是鎮定自若。

其二，腦子裡要經常浮現成功的情景。有些人一想起過

走出失敗陰影的步驟

去失敗的情景，腦子裡便閃現出「這次又要失敗啦」、「腳開始發抖了」、「聲音異常啦」等等訊息，導致說不出話來。所以，說話者最好多想像一下自己與初次見面的人侃侃而談，在大眾面前指點江山的瀟灑英姿。如果覺得自己有過成功的經歷，胸中就會鼓起「定能獲得成功」的信心和勝利的希望，並產生說話的動力。如果說話之前想像到聽眾對自己熱烈喝采的情景，則會倍增自己說話的勇氣。

第一講　破解口才困境的祕密

高昂情緒助你沖淡緊張

心跳加快，那是因為你活著，而且活得很好！

在美國，有人曾以「你最怕什麼」為題詢問了三百個人，調查人們究竟怕什麼。調查結果位列第一的就是：人最怕的是在眾人面前講話。事實也證明，在公眾場所發言、上臺演講或上電視節目之前，很多人都會感到胸中有一股壓力，呼吸急促，臉部僵硬，舉止緊張。

而要消除這種緊張、恐懼心理的方法則是各式各樣的。這裡介紹一種巧妙地透過提升自己的情緒來沖淡緊張、恐懼心理的有效方法。

某位電視節目主持人對這種方法頗有體會──例如：這位節目主持人曾經主持過一個「民歌大家唱」的節目，節目中經常邀請各地的人來到直播室，輪流唱三首鄉土歌謠。大家在排練時都非常賣力，並不緊張，但等到排練結束，休息一個小時後，布幕垂下來了，參觀的賓客漸漸增多，表演者就開始緊張了。

透過布幕，可以聽到觀眾的吵鬧聲。等到開幕前的五分鐘鈴聲響起，第一批上場的人就依規定集合在舞臺左右兩

高昂情緒助你沖淡緊張

邊。此時,一定有幾個將要表演的人,會以顫抖的聲音對節目主持人說:「我好緊張啊!真羨慕您,一點都不怕。」每當遇到這種情況,節目主持人總會回答他說:「如果有人不會緊張,那他就該去看醫生了,因為他的神經可能有些問題。雖然我看起來很鎮靜,但實際上我也相當緊張呢!你們看,我的腿不是正在發抖嗎?」

「真的呀!跟我們一樣嘛!」就在一陣笑聲中,大家的緊張情緒被沖淡了。

故可以斷言,所有的演員、歌星、演說家,在即將上臺或在錄音之前,都會感到緊張。這並非主觀臆斷,其實許多名人都自己承認過這種心理。

「如果不緊張,就不是歌星了。因為每次上臺前都必須認真地準備,說不緊張,準是騙人的。」香港有位現代流行歌曲明星坦然地道出她的心聲。

「我總是很緊張,但臺下的觀眾也跟我一樣,而這種關係一直持續下去,才能達到表演的最佳狀態。」一位既說相聲又演小品的知名演員也這樣承認;「我好緊張啊!」許多廣播或電視節目主持人在節目開始前也都不免這樣訴說。

所以不難看出,以上這些人都有一個共同點,那就是——即使心中很緊張,也絕不掩飾,反而把心中的壓力狀態坦然地說出來,這麼一來,倒可以把緊張的心情一點點

地排除。另外，還有一個很好的提升自己情緒的方法，即如果我們出現緊張的心情，可以試著這樣自我安慰：「唉！又開始緊張了。但如果自己對於在眾人面前亮相已經完全習以為常，沒什麼感覺與反應，那就完了。幸好，今天還是會緊張，心跳不停，真是好極了。」

如何克服口語交流障礙

如何克服口語交流障礙

「屁股對屁股，劇院變妓院」這真是天大的笑話，但就是有這樣的口語謬誤事例曾出現過。這難道不足以引起大家的注意嗎？

有一香港人因職務關係，經常必須以國語、英語發表演講。他的講詞大部分都鏗鏘有力，震撼人心，使人肅然起敬，但有時因鄉音太重的關係，便不易分辨。

有一次許多臺下聽眾突然聽到他在演講時說「屁股對屁股，肛門對肛門」，感到不解，後來相互詢問之下，才知道他是說「people to people， government to government」，只是口音太重，被誤聽而成為有趣笑談。

在人與人之間的口語傳播過程中，鄉音太重、口齒不清、語意不明、認知差異或文化不同等等因素，都會產生「傳播障礙」，甚至造成誤解、衝突或笑話。而有一個年輕人很喜歡音樂與戲劇表演，有一日，他急著趕到「國家劇院」看話劇演出，就攔了一輛計程車趕路，司機問他要去哪裡？年輕人說：「去國家妓院，快一點，快來不及了！」司機看他那麼急著趕到國家妓院，就興致勃勃地問他：「妓院也有國家的

● 第一講　破解口才困境的祕密

哦？是不是公立的比較便宜？在哪裡？我也要去！」

還有一新婚的「胡小姐」去辦理戶口手續，承辦人員辦好之後，將戶口名簿交還給她，而為了避免誤拿，所以順便問一下：「小姐，妳姓胡嗎？」胡小姐聽到後便很嬌羞地說：「不好意思說啦！」承辦人員問：「怎麼會呢？小姐，妳是不是姓胡？」那小姐只好紅著臉道：「很美滿啦！」

原來是承辦人員將「姓胡」說成「幸（性）福」了，以致「胡小姐」會錯意。

做到言辭得體而不傷人

　　禍從口出，說得一點也不假，一些無心的話語往往會帶來一連串意想不到的麻煩。那該怎麼辦呢？多積點口德吧！

　　您被恥笑過嗎？

　　您被辱罵過嗎？

　　您被全盤否定過嗎？

　　其實，每個人都期待從他人的語言中獲得肯定與讚美，從而增加「自我價值」與「自我尊嚴」。

　　小慧是一位相當優秀的女孩，漂亮大方又有人緣，結婚當天賀客滿堂，眾人認為新郎新娘兩人「郎才女貌」，真是天作之合，一定可以永浴愛河、白頭偕老。而小慧也非常高興，找到了如意郎君。在婚禮進行時，小慧透過頭紗，偷偷地斜瞄了一下帥俊體貼的老公，不禁感到欣喜與滿足，心想不久就將展開人生新一段的旅程。

　　不料，婚後一個月，小慧開始覺得生活上不盡如意，也不若婚前想像的那樣如公主般美好。她過去習慣在如廁後，將衛生紙丟入馬桶旁的小垃圾桶，可是老公卻堅持可以丟進馬桶內沖掉。兩人竟會為了這個小問題爭得面紅耳赤，吵了一個半小時。最讓小慧生氣的是，每當兩人各持己見、互不

第一講　破解口才困境的祕密

相讓時，老公總是大男人主義地說：「說妳錯妳就是錯了，妳還不承認？」小慧一肚子氣，委屈地跑回娘家住了兩天。

雖然小慧覺得老公十分健談，說話也帶幽默，但是有時卻也令她感到很不是滋味。譬如有一次，老公竟在朋友到家裡做客時說：「別的情侶、夫妻是彼此看對眼，我呀，是看走眼了！」小慧聽了，氣得白了他一眼，一個人走進廚房生悶氣。

儘管事後老公解釋說，那些話只是在朋友面前「開開玩笑」而已，但小慧總是覺得很不舒服，為什麼每次都是以「否定別人」來開玩笑？而在家裡老是一副「只有他是對的」的樣子，動不動就說「妳看妳，這麼笨，連這麼簡單的事都不會」、「哎呀，妳們女人不會懂的啦」。

人呀，最怕莫名其妙地被人家「否定」。看看這句話──「說妳錯妳就是錯，妳還不承認」，這不僅是「否定」，還是「雙重否定」呢！難怪聽者會怒氣沖天、恨意滿肚。不過這還算好，另外還有更令人無法忍受的「三重否定」──「說妳錯妳就是錯了，妳還不承認，給我閉嘴！」

如果再加上一句「妳去死啦」，那就變成「四重否定」了；若有人再加一句：「妳去死啦！死了也沒有人為妳哭！」你看，這豈不是變成「五重否定」了嗎？

心理學大師馬斯洛認為，「受人尊重」與「生理」、「安全感」、「愛與歸屬」、「自我實現」等，是人的五種「基本需求」；

做到言辭得體而不傷人

每個人都需要從他人的語言認同、肯定、讚美中來增加「自我價值」與「自我尊嚴」。如果常在言談中「否定對方」，則會令人難堪、生氣，甚至產生言語和肢體上的衝突。惡言相向的「口角與怒罵」是任何人都會的遊戲，卻也是一種令雙方都無法獲勝的競賽。

下面這位王姓朋友，結婚不到一年就離婚了。為什麼？還不是逞口舌之快，所以生活中充滿著「惡言相向」的戰爭。

王先生做小生意，錢賺不多，卻喜歡買貴重的衣物、家具，王太太就常說：「你以為你是王永慶啊？也不看看自己一個月賺多少，有什麼資格買這麼貴的東西？」

「是啊，我是不會賺錢，但還是養得起妳這個吃閒飯的！」王先生也不甘示弱。

夫妻偶爾出門逛街，王太太看上一件新款的套裝時，先生當著女店員的面說：「這種衣服要身材高挑的人穿才好看，妳又矮又胖，穿起來像穿布袋一樣！」王太太一聽，氣得轉身就自己坐車回家。

最叫王太太憤怒的一次，是在百貨公司買化妝品時，自己的老公竟在其他顧客面前對她說：「妳長這樣子，用再好的化妝品也沒用！」王太太忍著心中的「恥辱」與「悲憤」，回到家終於爆發了！

「我命賤，我命苦，婚前一大堆男人追我，我瞎了眼才會嫁給你，哇……」王太太氣得哭起來。

第一講　破解口才困境的祕密

「我才倒楣呢，娶個不會下蛋的老母雞，每天沒工作在家閒著，只會吃閒飯！」

「不會下蛋？搞不好是你自己有問題也不一定！」王太太越說越氣，「對啦，我是沒有生小孩啦！但萬一孩子長成你這副『豬哥』的德性，我不嘔死才怪？」突然之間，王先生孔武有力的巴掌像一陣旋風一樣摑了過去，把太太一巴掌打倒在沙發上，並盛怒地說：「婚前看妳伶牙俐齒，沒想到婚後妳說話竟然這麼尖酸刻薄，我看妳是不想活了！」海軍陸戰隊出身的王先生又順腳踢了她兩下，不料王太太順勢抓住他的小腿，狠狠地咬了他一口。

不久，兩人協議離婚。王太太感嘆說：「原來以為他結實的臂膀、厚厚的胸膛是我終身的依靠，沒想到兩人氣起來口不擇言，他就拳打腳踢，一手抓，一手揍，打起來好痛哦！嫁人最好不要嫁給太壯的男人！」王先生也回憶道：「唉，娶妻娶德，婚前要擦亮眼，聰明些，不要娶個說話尖酸刻薄，時時帶刺來戳你的女人，否則你就衰一輩子！」

孫子曰：「贈人以言，重如珠玉；傷人以言，甚於劍戟。」西方亦有諺語：「舌者，殺人之利器也。」可見，「禍從口出」一點都不假。那我們該怎麼辦呢？多積點口德吧！

如何為他人創造發言機會

如何為他人創造發言機會

　　在古人「思然後言，人不厭其言」的名訓之外，若能適時「製造講話的機會給別人」，則一定更受歡迎。

　　常言道：「言多必失，謹出言，慢開口」；「會說的想著說，不會說話的搶著說」。開口說話之前要動腦筋，為什麼要說話，應該怎樣開口，都有一定的學問。

　　懷著一顆興奮的心，小張與同事一起到外地做業務考察。一路上，不管是搭高鐵或小巴士，總是能聽到公司裡的王副經理不斷地高談闊論，嘰嘰喳喳地講個不停。許多團員都暗自譏笑，無奈地搖頭說：「這次出差碰上王副經理，真夠慘的！」而到了汐止，會見相關單位時，輪到王副經理做簡報，卻只見他站在大眾面前臉紅脖子粗，結結巴巴，講不出像樣的業務報告來。

　　後來小張也曾與一公關公司的女總經理洽談業務。這女總經理長得頗為漂亮，業務亦是做得有模有樣，經常國內外各地跑，可是當她話匣子一打開，就滔滔不絕，如黃河決堤般一發不可收拾。小張雖然也是業務口才高手，但想插幾句話，卻始終苦無機會。這位女總經理興致高昂地敘述著她的公關事業是如何蓬勃，小張則兩手在餐桌上玩弄著吸管，心裡覺得十分無趣。三十分鐘後，小張終於鼓起勇氣對這女總

第一講　破解口才困境的祕密

經理說：「對不起，待會兒我還有事，我先走了！」

中文自古以來就有強調「慎言」的名句，如「吉人之辭寡，躁人之辭多」、「言多必失」、「多言是禍，少言是福」、「危莫危於多言」等等，但是許多人仍然有「話多」的毛病，出國旅行、婚喪喜慶、辦公室內……都有「話多之士」，喧囂嘈雜，令人厭惡。

語言學家拉克夫曾指出簡單的三原則，使人們的說話更「文雅」——

- 不要咄咄逼人
- 讓別人也有說話的機會
- 讓人覺得友善

話多的人，常求發言而後快，不考慮聽者的感受，也不讓他人有講話的機會，所以容易「招怨」。其實，話講得最多者，多半是講自己的私事，話東家長西家短，易滋生事端；甚至不少人因話講得太多，長了「聲帶結」，還到處求醫呢！

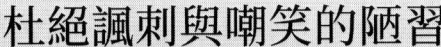

杜絕諷刺與嘲笑的陋習

　　因說話而遭到殺身之禍、被打得鼻青臉腫，甚至被咬掉下巴的實例，似乎叫人覺得不可思議也有些好笑，但也再次印證「言多必失」、「禍從口出」的萬世警訓。

　　你知道嗎？一家三口滅門血案，竟是因為凶手受不了被他人譏諷、恥笑而大開殺戒。古人說：「喪家亡身，言語占八分」，在此可見其道理。

　　1993 年，臺北縣土城市（今新北市土城區）蕭崇烈一家三口滅門血案，在警方鍥而不捨的查緝後，已宣告偵破。凶嫌鄧笑文被捕後，坦承因受生意人蕭崇烈「譏諷」而萌生殺機，並在行凶後擔心事情敗露，而再殺其妻女滅口。

　　據警方表示，凶嫌鄧笑文心智健全，但因受不了對方不斷的譏諷和嘲笑而殺人，這成為歷年來滅門血案的特殊案例，頗值得社會大眾警惕。

　　古人早有明訓：「言語傷人，勝於刀槍。」許多人常以「嘲弄」他人為樂，有部分綜藝節目的主持人會戲弄未能在比賽中過關的來賓「笨」，或嘲笑比賽者的長相「醜」。有些雖然屬於玩笑性質，但總讓人覺得不妥，畢竟「尖酸刻薄」、「有失

第一講　破解口才困境的祕密

厚道」的言辭批評，會使聽者產生不悅；嚴重的，正如滅門血案的被害人一般，遭到殺身之禍，後悔莫及。真是叫人不得不謹慎。

其實，因言辭起衝突而萌生殺機的情況，在國外亦有所聞。

法國巴黎有一名「美食專欄作家」，經常在文章中特別讚譽某家餐廳，或嚴辭批評某些餐廳的菜餚。有一次，此專欄作家在專欄中對一餐廳的菜色做「像豬食」的評語，以致激怒了餐廳老闆。該老闆事後特別再請此美食專欄作家去試吃「精緻美味的佳餚」，不料美食專家吃完後臉色大變，暈倒在地，送到醫院時氣絕死去。餐廳老闆被警方逮捕收押後，坦承設「鴻門宴」下毒，他說：「批評我們的美食像豬食的人都該死！」

這真是叫人瞠目結舌，各位「專欄作家」下筆時可得小心點，就像你說話一樣，若言詞過於尖酸刻薄，批評得太過分，可能也會「惹禍上身」。

事實上，不管是男人或女人都一樣，只要被一些不中聽的話激怒，都可能會因情緒失控而口出狂言，甚至大打出手。這是我們大家都應該注意的一點。總之，惡意的嘲諷與惡言相向的「口角與怒罵」是任何人都會的遊戲，卻也是一種令雙方都無法獲勝的遊戲。

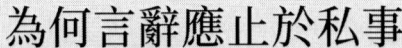

為何言辭應止於私事

　　人們似乎常常「有嘴說別人，沒嘴說自己」，以致陷入是非、口舌戰場之中。有人說：「越少思想的人，說話越多」，好像有其道理。

　　有些人喜歡多管閒事，對於與自己無關的事，仍愛追問到底，有時是基於善意的關懷，有時卻可能只是滿足自己的好奇心。其實，適度的關心會令人覺得舒心，但若整天喋喋不休、蜚短流長，則令人厭煩。

　　人到了一定年齡而不結婚，似乎就變成「眾矢之的」，經常有人「關心」，甚至「嚴重關切」。遇到認識的人時，總會被問道：「怎麼還不結婚？」、「什麼時候請喝喜酒啊？」被問多了、問煩了，曹先生的答案一律是——「2032年，我大概就會結婚。」

　　沒結婚，實在是個人的問題，很多人卻表現出「極度關心」的態度；其實他們自己的婚姻也未必好到哪裡去。然而有些人卻還會偷偷打聽：「他長得不錯，怎麼還不結婚？是不是有什麼問題，有什麼隱疾？」害得曹先生父母真的問他，你是不是「那邊」有什麼不可告人的祕密？

第一講　破解口才困境的祕密

　　最近問他「怎麼還不結婚的人」越來越多，他煩了，只好如此回答：「因為我的屁股上長了一個大黑痣！」

　　「你的屁股上長了一個痣？那跟你不結婚有什麼關係？」

　　他說：「是啊，那我不結婚跟你有什麼關係？」

　　唉！怎麼會有那麼多人愛管閒事，管人家結不結婚呢？

　　系上的學生對主任還沒結婚，也頗為關心，雖然他們不敢直接問他「怎麼還不結婚」，但是也會以其他方式來表達「關懷之意」。有一天，系上布告欄出現一份大海報，上面寫著「誠徵師母一名」的斗大字體，另外還有「師母」的待遇與條件：「一、月收入十幾萬，二、工作輕鬆，三、免經驗，四、男女不拘！」

　　「免經驗」當然好啦！但竟強調「男女不拘」，難怪沒有人來「應徵」。學生的調皮「創意」，令人覺得十分可愛、好玩又有趣，本來「口語傳播系」的學生就應該活潑、敢表達；但是假如有人經常嘮叨地問：「怎麼還不結婚？」就會叫人生厭了。古人云：「多言取厭、虛言取薄、輕言取侮」，尤其是有關別人「結不結婚」的私事時，過分的關心、多言總不是令人愉悅的事。所以西方人說：「與人交談，猶如彈琴弦一般，當別人感到乏味時，便要把弦按住，使它停止振動、發聲。」

勇氣與信心的準備之道

抱持要的勇氣,樹立必要的自信心,是克服說話者膽怯心理的關鍵,也是提高言談魅力的第一步。

有些人在家裡說話泰然自若,談笑風生,滔滔不絕,可是一到眾人面前說話就期期艾艾、惶恐不安,好像連嘴巴都不聽使喚,手也不知怎麼放,可其實不過是換了個環境而已。

美國第十六任總統林肯可謂世界著名演說家,他也曾有過這樣的情況。下面是他的同時代人對他的一段回憶:

「他好像是不知所措,很吃力地去讓自己適合當下情境,在過分憂慮和敏感的感覺中掙扎,卻因此使自己更難堪了。這時,我很同情他,他開始講話,聲音尖銳難聽,古怪的姿態、黃皺的面孔、疑慮的動作,好像一切都在與他作對似的,好在這僅僅是一會兒而已。不久,他鎮定了,他的才能也開始了。」

這段回憶說明,初登講壇的人總不免會有一個由恐懼到鎮定的過程。

跟眾人說話與跟家人說話有什麼不同呢?無非是跟眾人

第一講　破解口才困境的祕密

說話，場面大了一點，生人多了一點。面對這種場面，說話人內心往往會產生膽怯的心理，怕講得不好被人恥笑，怕講錯了要負責任……諸如此類的壓力，都會造成說話者的恐懼心理。

美國著名心理學家亞伯特・班度拉也是廣受歡迎的演說家，然而在他成功的背後也有一段克服恐懼的生命歷程。多年後，他在寫下這段經歷時，提到他的高中時代，如何只要一想到得上臺致詞五分鐘就寢食難安的情景：

「隨著那致命的一日步步逼近，我幾乎嚇病了。每逢一想到這恐怖的事，我就頭暈目眩，兩頰發熱，必須躲到教室的後面，把臉貼在冰涼的牆上，希望冷卻那燙人的臉頰。一直到上大學，老毛病還是沒改。有一次，我仔細地牢記了一篇演講詞的開端：『亞當斯和傑佛遜不要重現。』當我面對臺下一張張仰起的臉孔時，我的頭又開始暈了，暈得我自己不知置身何處。我努力想要說出第一句話，結果說成『亞當斯和傑佛遜已經去世』，然後我就說不下去了，所以我就低頭一鞠躬，在掌聲中沉重地回到我的座位。接著主席起立說：『哦，亞伯特，我們很遺憾聽到這個沉重的消息，不過我想我們會節哀順變的。』一語未了，可以想像全班哄堂大笑的樣子，當時地底如果有個洞，我就會鑽進去，這輩子再也不出來了。」

這些歷史上的言談巨匠尚且如此，普通人又何嘗不是這樣呢？所以，我們沒有理由勉強自己一定得一鳴驚人，從母

親肚子裡掉下來後就成為演說家。魯迅早就告誡我們：「不論怎樣的天才，生下來第一聲仍然是哭，而不是一首詩。」想想這些，也就不覺得奇怪了。相反，那種從未對大眾講過話的人，一上場便鎮定自若，談吐自如，倒是令人奇怪不已，甚至難以置信。

既然我們承認，緊張、恐懼心理是初學說話者和演講老手都會碰到的問題。那麼，下一步就應該針對其產生的原因採取行之有效的措施來克服它了。

怎樣克服緊張、恐懼心理，羅馬大將凱撒當年統帥雄師渡海踏上英國土地，使他的軍隊百戰百勝的方法，值得借鑑。

當時，凱撒命令全軍站在多佛海峽面朝法國的懸崖上，俯瞰兩百英尺以下洶湧的巨浪。士兵們發現來時乘坐的船隻已被大火燒毀，這意味著退路完全斷了，唯一求生的辦法只有努力向前征服敵人，打敗對手。士兵們一建立起必勝的決心，便攻無不克，所向披靡，取得了輝煌的戰績。

凱撒這次能取得成功，關鍵在於他的軍隊最大限度地拿出了勇氣，樹立了信心。同樣道理，要克服自己緊張、恐懼說話的不健康心理，也很需要這種勇氣和自信心。

● 第一講 破解口才困境的祕密

第二講　輕鬆與陌生人快速熟絡

一個人敢不敢說話，會不會說話，從很大程度上取決於和陌生人講話的能力和方式。一個人能夠保持一顆平常心，從容不迫地和陌生人侃侃而談，實在是一門高深的學問。

第二講　輕鬆與陌生人快速熟絡

如何與陌生人迅速建立親和力

　　態度盡量自然一點地說話，即使陌生人不理睬你，也可以大大方方地聳聳肩走開。不過一般的情況是，只要態度越自然，陌生人就越會感到你熟悉，這豈不就達到「一見如故」的目的了嗎？

　　許多人與陌生人說話都會感到拘謹。於此建議你先考慮一個問題，為什麼你跟老朋友談話不會感到困難？很簡單，因為你們相當熟悉。與相互了解的人在一起就會感到自然協調。然而對陌生人卻一無所知，特別是進入了充滿陌生人的群體，有些人甚至會有不自在和恐懼的心理。故假設你要將陌生人變成老朋友，首先便得在心目中建立一種樂於與人交朋友的願望，心裡有這種要求，才能有所行動。

　　這裡，以到一個陌生人家拜訪為例。如果有能力，首先應當對要拜訪的人作些了解，探知對方一些情況，關於他的職業、興趣、性格之類。

　　當你走進陌生人住所時，也可憑藉你的觀察力，看看牆上掛的是什麼。國畫、攝影作品、樂器……都可以推斷主人的興趣所在，甚至室內某些物品還會牽引起一段故事。如果你把它當做一個線索，不就可以由淺入深地了解主人心靈的

如何與陌生人迅速建立親和力

某個層面嗎？先抓到一些關鍵，就不難找到開場白了。

如果你不只是要見一位陌生人，而是參加一個充滿陌生人的聚會，觀察也是必不可少的。你不妨先坐在一旁，耳聽眼看，根據了解的情況，決定可以接近的對象，而一旦選定，便可以走上前去向他作自我介紹。特別是那些同你一樣，在聚會中沒有熟人的陌生者，你的主動行為會受到歡迎的。

應當注意的是，有些人你雖然不喜歡，但必須學會與他們談話。當然，人都有以自我興趣為中心的習慣，但如果你對自己不感興趣的人完全不予理睬，也不致一詞，恐怕不是件好事。這有可能被人認作是驕傲，甚至有些人會把這種冷落視為侮辱，從而產生隔閡。

和自己不喜歡的人談話時，第一要有禮貌；第二不要觸及雙方的私事，這是為了使彼此保持適當的距離。不過一旦他願意和你結交，便可以設法一步一步縮小隔閡，使雙方更容易接近。

在你決定和某個陌生人談話時，不妨先介紹自己，給對方一個接近的引線。你不一定要先介紹自己的姓名，因為人家可能會感到唐突。倒不如先說說自己的工作單位，也可以此作為開場詢問對方。因為一般情況，當你先說起自己的經歷，人家也會相應地告訴你他的相關狀況。

第二講　輕鬆與陌生人快速熟絡

接著,你可以問一些有關他本人的卻又不屬於祕密的問題。假若對方是有一定年紀的,你可以向他問子女在哪裡讀書,也可以問問對方公司一般的業務情況。對方說了之後,你也應該提及自己的相應情況,才能達到交流的目的。

和陌生人談話,要比對老朋友更加留心對方提到的內容,因為你對他所知有限,更應當重視從字句裡得到的任何線索。此外,他的聲調、眼神和回答問題的方式,都可以揣摩一下,以決定下一步是否能進行更深入的發展。

有人認為在見面時聊到天氣是沒什麼意義的。其實,這就得牽涉到的內容去做個別分析。

如果一個人說:「這幾天的雨下得真好,否則田裡的稻苗枯死了。」而另一個則說:「這幾天的雨下得真糟,我們的旅行計畫全都泡湯了。」

你不是也可以從這兩句話中去探究兩人的興趣、性格呢?退一步說,光是敷衍性的話,在熟人中意義不大,但對與陌生人的交際還是有作用的。

如遇到那種比你更羞怯的人,你更應該先跟他談些無關緊要的事,使他心情放鬆,以激起他談話的興趣。而和陌生人談話的開場白結束後,得特別注意之後話題的選擇,那些容易引起爭論的題目要盡量避免。接著當你選擇某種話題後,也要特別留心對方的眼神與小動作,一發現對方有厭

倦、冷淡的情緒時,應立即轉換話題。

　　在與人聚會時,常常會碰到向人請教姓名的事,在「請問您尊姓大名?」而對方回答出姓名後,你便得牢牢記住,且應立即用這個名字來稱呼對方。而當你遇到了不小心忘記對方姓名的狀況,你可以表示抱歉:「對不起,不知怎麼稱呼您?」也能說半句「您是 ── 」或「我們好像 ── 」,意思是想請對方主動補充回答,如果對方是世故的,就會自然地接下去。

● 第二講　輕鬆與陌生人快速熟絡

為什麼與陌生人交談不宜話多

在與別人交談之前，先想想你想從對方身上得到什麼，然後再對症下藥，選擇一種最好的應對技巧。

初見陌生人往往會比較緊張，因為不知道應當說什麼和不該說什麼，所以常常不自覺說個沒完，導致別人沒有參與談話的餘地。而要是你發現自己不小心過於聒噪的時候，就得趕緊止住。因為想在人群裡獲得積極正面的評價，自己滔滔不絕和老是打斷別人的談話肯定無助於事，必須盡可能地避免。

俗話說：「言多必失。」日常生活中，常常有人因言詞不當，或出語過直，致使與談話對象之間出現尷尬甚至不愉快的局面。改變這種局面的辦法就在於能否善於運用「婉言」。所謂婉言，即從善意出發，對不認同己方觀點的人和事物做出正確又不產生刺激效果的評述。生活當中，所有不損害到個人原則的問題都可以用婉言表述。其效果既可消除怨怒，促進彼此尊重，又能使人與人之間充滿友好氣氛，還可以改善家庭、生活與工作環境。

但與人交談有時還是會遇到一些難以正面回答的話題，

可完全迴避會讓人覺得你「油滑」或缺乏主見，所以掌握一些應對技巧是相當重要的。

- 迴避焦點法：即當你要回答好與壞時，可以避開正面回答，從側面婉轉說出自己的意見。
- 褒貶倒置法：即把批評性的話以表揚長處的形式表達出來。
- 模糊主旨法：對於非原則性問題，當自己意見與他人不同且沒有必要引起爭論時，可以含糊其辭，一帶而過。
- 揚長抑短法：閒談時，對周圍的人宜褒揚莫貶低。
- 求同存異法：多找共同點，以期盡可能有更多的共鳴，同時也適當保留自己的不同意見，使人際關係既親切又有發展的餘地。
- 轉換共生法：在明顯相異的觀點、意見與氣氛中，設身處地理解、包容對方，由負效應轉變為正效應。
- 自我批評法：在朋友、夫妻之間毋須擺高姿態，先自我檢討，進而互相諒解，以達到溝通感情的作用。
- 婉言期待法：對方的現狀也許不能令人滿意，於是婉言說出自己的嚮往與期待，鼓勵對方共同努力，爭取達到理想情況。

第二講　輕鬆與陌生人快速熟絡

快速「套近乎」的實用技巧

「時間就是生命」，如果你不得不與陌生人交談，又不想浪費生命，那麼不妨試試這十六種訣竅。

快速「套近乎」往往能讓你在最短的時間內消除彼此的陌生感，若想達到最佳的效果，可以從以下幾個方面著手：

(1) **了解對方的興趣愛好**

初次見面的人，如果能用心了解與利用對方的興趣愛好，就能縮短雙方的距離，而且加深給對方的好感。例如：和中老年人談健康長壽，和少婦談孩子和減肥以及大家共同關心的寵物等，即使自己不太了解別人，也可以談談新聞、書籍等話題，這樣就能在短時間內給對方留下深刻印象。

(2) **多談平易近人的內容**

某位著名作家說過：「盡量不說意義深遠及新奇的話語，而以身旁的瑣事為話題作開端，是促進人際關係成功的鑰匙。」

(3) **避免否定對方的行為**

初次見面是建立良好人際關係的重要時期，在這種場合，對方往往不能冷靜地聽取意見，故建議在說話前先加以判斷，

才不致造成反感。而同時，初次見面的對象有時也會恐懼他人提出細微的問題來否定其觀點，因此，初見面也應盡量避免有否定對方的行為出現，這樣才能形成緊密的人際關係。

(4) 了解對方所期待的評價

心理學家認為，人是這樣一種動物，他們往往不滿足自己的現狀，然而大多又無法加以改變，因此只能對難以實現的部分抱持幻想，並期待用旁人的讚美來填補。在人際交往中，人們非常希望他人對自己的評價是好的，比如胖的人希望自己看起來瘦一些，老人願意顯得年輕一點，急欲被提拔的人期待著伯樂發掘自己的一天。

(5) 注意自己的表情

人的心靈深處的想法，都會形諸於外，在表情上顯露無遺。一般人在到達約會場所時，往往只檢查領帶正不正、頭髮亂不亂等問題，卻忽略了「表情」的重要性。如想留給初次見面的人一個好印象，不妨照照鏡子，謹慎地檢查一下自己的臉部表情是否和平常不一樣，過分緊張的話，最好先對著鏡中的自己傻笑一番。

(6) 留意對方無意識的動作

初次見面的場合中，如果有一方想結束話題，往往會有看手錶等對方不易察覺的無意識動作。因此，當你看到交談

的對方突然焦躁地看著手錶，或者望著天空詢問現在的時刻，就應該早點結束話題，讓對方明白你並不是一個不懂察言觀色的人。你清楚並尊重他的想法，必能留給對方一個美好的印象。

(7) 引導對方談得意之事

任何人都有自鳴得意的事情。但是，再得意、再自傲的事情，如果沒有他人的詢問，自己說起來也無興致。因此，你若能恰到好處地提出一些問題，定能使他心喜，並敞開心扉暢所欲言，你與他的關係也會融洽起來。

(8) 坐在對方的身邊

面對面與陌生人談話，確實很緊張，如果坐在對方的身邊，自然會比較自在，既不用一直凝視對方，也避免了不必要的緊張感，而且很快就能親近起來。

(9) 找機會接近對方的身體

每個人都會在自己的身體周圍設定一個勢力範圍，一般只允許特別親密的人進入。如果你進入了，就會產生與對方有親密人際關係的錯覺。比如：推銷員往往會一邊說話，一邊若無其事地移動位置，坐到客戶的身旁，這樣才能有親近一點的感覺。因此，若想早日建立起親密的關係，就必須找機會去接近對方的勢力範圍。

(10) 以笑聲聲援對方

做個忠實的聽眾，適時的反應情緒可以使對方減緩陌生感、緊張感，從而發現自己的長處。尤其要發揮笑的作用，即使對方說的笑話並不很好笑，也應以笑聲聲援，產生的效果或許會令你大吃一驚，因為，雙方同時笑起來，無形之中便產生了親密友人一樣的氣氛。

(11) 找出與對方的共同點

任何人都有這樣一種心理特徵，比如：同一故鄉或母校的人，往往會不知不覺地因同伴意識、同族意識而親密地連結在一起，同鄉會、校友會的產生正是如此。若是女性，也常因星座、愛好相同而產生共鳴。

(12) 表現出自己關心對方

表現出關心對方的樣子，必然能贏得對方的好感。

(13) 先徵求對方的意見

不論做任何事情，事先徵求對方的意見，都是尊重對方的表現。在處理某一件事中，身分最高的人握有相當的選擇權，而將選擇權讓給對方，也就是尊重對方的表現。而且，不論是誰，都希望得到他人的尊重，絕不會因此不高興或不耐煩。

(14) 記住對方「特別的日子」

當你得知對方的結婚紀念日、生日時,要一一記下來,到了那天,打電話以示祝賀,雖然只是一通電話,給予對方的印象卻很強烈。尤其是本人都常忘記的紀念日,一旦由他人提起,心中的喜悅是難以形容的。

(15) 選擇讓對方家人高興的禮物

俗話說:「射人先射馬」,饋贈禮物時,與其選擇對方喜歡的禮物,倒不如選擇其家人會喜歡的禮物。哪怕只是帶一件小小的禮物給朋友的妻子或孩子,他對你的態度也會立刻改變,而收到禮物的孩子更會把你當成親密的朋友,你將得到對方全家人對你的歡迎。

(16) 直呼對方的名字

我們都習慣於較親密的人之間才只稱呼名字。連名帶姓地呼叫對方,則表示了不想與他人太過親密的心理,所以,直呼對方的名字,可以縮短心理的距離,獲得意想不到的效果。

克服在陌生人面前的開口恐懼

俗話說「沉默是金」、「金口難開」，只有自己開口講出的是金，你才能引出別人的「金」來。

社交中的沉默有兩種，一種是對社交有益的沉默；一種是對社交有害的沉默。對前一種沉默，我們應學會使用和理解；對後一種沉默，則應努力避免和打破。雖說沒有什麼打破沉默的訣竅，但是根據人們日常的社交習慣和心理，還是有些常用方法的。

打破沉默局面有兩個基本要求。一是深入分析引起沉默的真實原因。如張三因患急性咽喉炎而不願說話，你卻以為張三對你說話的主題沒有興趣，於是轉換話題想打破對方的沉默狀態，那肯定是難以奏效的。二是在打破沉默的過程中，不要給對方壓迫感。只有巧妙地打破沉默，才能為雙方帶來語言溝通的熱情和感受到社交的樂趣。

例如：你的朋友第一次參加某社團的集體活動，他感到拘謹而沉默寡言，這時你可主動向他介紹相關情況，並引見在座的成員。在輕鬆愉快的氣氛中，你的朋友在不知不覺的情況下消除了拘束感，沉默也跟著被打破了。

打破沉默局面，應該注意以下幾點：

第二講　輕鬆與陌生人快速熟絡

(1) 放下架子

如果是自己架子大、太清高,使人敬而遠之,而造成對方的沉默,則首要從完善自己的個性著手,在社交場合中主動一點、熱情一點、隨和一點。

而若是自己太自負、盛氣凌人,使對方反感,造成了沉默,則要注意培養謙虛謹慎的品德,多想想自己的短處,在社交場合中適當褒揚對方的長處,並真誠地表示向對方學習。

但如果是自己口若懸河,講起話來漫無邊際,無休無止而導致對方的沉默,則要注意說話應適可而止,並主動徵求對方的看法和意見,讓對方也有機會表達自己的立場和觀點。不要讓人覺得你是在進行單方面的「說教」,而應讓人意識到彼此是在進行雙向溝通,讓對方產生「你很重視他」的印象,引起他的交談欲望,從而避免談話陷於沉默之中。

(2) 談別人得意的事

如果對方流露出對此話題不感興趣而不想開口的情緒,那最好是馬上轉移話題,選擇對方樂於談論的事情進行交談,或故意創造機會讓對方自己轉移話題。

如果對方事先沒有準備,對此話題有興趣但又不知從何談起,那麼應以簡明的、富有啟發性的交談來開拓對方的視野,活躍思想,從而引起對方的談話興趣,消除沉默。

如果對方自我防衛意識太重,不輕易開口,那就要努力創造

非正式的交談氣氛，支持與鼓勵對方無顧忌地、坦率地說話，以及不立即反駁對方觀點，並讚許一些合理看法，促其進入交談。

如果對方過於謙讓而造成了沉默，則要增強交談的競爭氣氛，用熱烈、緊張而有趣的談話激發沉默者進入交談。

(3) 多談共同點

如果是因為雙方互不了解，不知談什麼才適合，那麼就應當主動作自我介紹，並使交談涉及盡可能廣泛的領域，從中發現雙方的共同話題。

如果因雙方過去曾經發生的摩擦或隔閡而造成沉默，那麼就應該放低姿態，求大同存小異，或者乾脆把過去的隔閡拋在腦後，彷彿什麼也沒有發生似的，熱情地與之攀談，增強信任和友善的氣氛。

而如果是因剛剛發生了爭論而出現沉默的狀況，則應當冷靜下來，心平氣和地談些無分歧的話題；而若是局勢太僵，則可暗示在場的第三者出面積極調解，打破沉默。

(4) 找合適的地方說話

如果對方覺得這個環境不適合他發表意見，那麼可以換個環境試試，也許他就願意敞開心胸。若對方認為是環境中的個別因素妨礙了交談，則在可能條件下排除這些干擾因素，使對方積極地參與談話。

第二講　輕鬆與陌生人快速熟絡

第三講　打破僵局的高效策略

與人交往時，難免會有僵局產生，如何輕鬆地打破僵局，創造一個和諧的環境，是令很多人頭痛的事。金口才喻理於事，把相關技巧加以闡述。

● 第三講・打破僵局的高效策略

巧妙應對失言的機智方法

　　這一招可不是隨便什麼人都可以學會,不過,試一試又何妨呢?

　　失言令人難堪,在必須立即改正的情況下,可以靠聰明才智將話加以補充說明,或再巧妙地給予某個字詞闡述,使其附有特殊涵意,便能將原先說錯的話圓回來,讓人得以接受。

如何從平常問題中創造非凡解答

「不平常」往往是欽佩與讚賞的孿生姐妹。因為唯有不平常的人才能做出不平常的舉動,當然,不平常不等於不正常。

「巧釋法」除了具有反駁的功能外,還能夠幫助自己解脫窘境,請看下面的例子:

某大學在一次智力競賽搶答會上,主持人問:「『三綱五常』中的『三綱』是指什麼?」一名女學生搶答道:「臣為君綱,子為父綱,妻為夫綱。」但她恰好把三者說顛倒了,引起了哄堂大笑。這位女學生意識到這一點後,立刻補充道:「笑什麼,我說的是『新三綱』。」主持人問:「何為『新三綱』?」她說:「現在,現在強調民主自由,政客一切以民意為重,豈不是臣為君綱嗎?當前,很多夫妻只生一個孩子,這孩子成了父母的小皇帝,豈不是子為父綱嗎?現在,許多家庭中,妻子的權力遠遠超過了丈夫,『妻管嚴』、『模範丈夫』比比皆是,豈不是妻為夫綱嗎?」

好一個「新三綱」!她的話音剛落,大家就為這位同學的應變能力熱烈鼓掌。

這個女學生可能由於緊張,把「三綱」答錯了,但是,她後來對自己「新三綱」的詮釋是非常巧妙的,不但擺脫了窘境,而且贏得了聽眾的讚賞。

第三講　打破僵局的高效策略

將平凡轉化為奇蹟的技巧

「情感昇華法」要求運用的人具有較高的思想程度和文化素養，還要有敏捷的思維能力與別出心裁的見解，因而並非人人都能運用。

生活中，由於事物的複雜多變性和人們觀察事物的角度及思想的深度不同，對同一事物常常會產生不同的認識。所謂仁者見仁、智者見智。「情感昇華法」正是利用了這一點。當自己被尷尬的事情纏住後，盡力賦予這一事物高尚的情感和正向的意義，化腐朽為神奇，不僅能使自己從尷尬局面脫身，還能在形象塑造上添上光彩的一筆。

1960年代，時任中國外交部長的陳毅訪問亞洲某國。在當地的大眾集會上，一位宗教界的長老代表萬民僧眾向陳毅贈獻佛像，當時席上觀眾無數。陳毅高高興興地雙手接過佛像，大聲說：「靠老佛爺保佑，從此我再也不怕帝國主義了。」一語引得笑聲如雷。

而在上述那種外交場合，陳毅如果不接受佛像，勢必會傷害對方的感情，影響雙方的關係。但如果毫無表示的接受，又違背馬列主義無神論的原則，落人口實。但陳毅的高

明之處就在於改變了接受佛像這一行為的宗教色彩，同時還賦予其正向意義，十分灑脫地擺脫了窘境，彰顯了自己高超的外交藝術。

第三講　打破僵局的高效策略

如何利用模糊語言巧妙脫困

模糊語言的功能即「模稜兩可」，既不肯定也不否定，你說怎樣就怎樣，多好！

在辯論和交際中，如果遇到窘境，可以利用模糊語言，機智而巧妙地擺脫出來。

不過，模糊語言雖然具有「委婉」的特點，但由於缺少準確性，也容易為人們帶來許多麻煩。在一些場合需要我們仔細辨認，從而明確是非。

有這樣一則笑話：

三個讀書人上京趕考，路過一處高山，聽說山上住著一位「半仙」，能推算出一個人往後的的功名利祿，於是三人便上山求教。聽了三人說明來意，「半仙」緊閉雙眼，伸出一根指頭，卻不說話。三人不解其意，請其解釋，「半仙」搖了搖頭說：「此乃天機，不可泄露。」三人無奈，只好下山而去。

徒弟悄悄問「半仙」：「師父，你對三人只伸一個指頭是什麼意思？」

「傻瓜，這個竅門怎麼不懂！他們一共三個人，將來如果有一個考中，那一根指頭就代表考中的那一個；有兩個考中，

就表示有一個考不中；如果都沒考中，這一根指頭就表示一齊落榜了。」

「半仙」的一根指頭代表三種意思，可謂「模糊」。他之所以能夠服人，並且得到一個「半仙」的綽號，也許高明之處就在於他能運用類似「找著丟不了，丟了找不著」的模糊語言。

可見，「模糊語言」具有雙重功能，雖然它為我們明辨是非造成一定的障礙，而且一旦為爭論情境下的對手所運用，就很難反轉辯駁。但是，它的存在也有一定的必要性，在特定場合，模糊語言用得合情合理，恰如其分，也能夠為我所用，令對手陷入「迷魂陣」。但是，值得注意的一點是：不要為模糊而模糊，故弄玄虛，那樣會適得其反，使自己陷入混亂的泥坑之中。

第三講　打破僵局的高效策略

順勢而為的溝通策略

這種方法的應用區塊在於面對難堪時，如何煞有介事地順藤摸瓜，因勢利導，用委婉含蓄的語言使難堪自然而然地消失。

有位姓吳的年輕老師，剛應徵上學校的代課導師，他替素有「少林俗家弟子」之稱的「瘋狂四班」上第一堂課。這一班全是男生，鬼點子特別多，專愛變著方法為難老師。一進教室，他就覺得氣氛不正常，正想開始講課時，忽然發現講桌上放著一塊木板，上面用粉筆寫著「吳xx老師之墓」。這對血氣方剛的年輕老師來說，無疑是奇恥大辱。再看臺下，有幾個學生正擠眉弄眼，像是在嘲笑他。一定是他們幹的！

吳姓老師氣憤極了，但他沒有發作，也沒有退縮，而是小心翼翼地拿起那塊「神主牌」，一本正經地放到黑板前又恭恭敬敬地在旁邊豎起一支粉筆，然後轉過身，輕輕地、緩緩地對學生說：「同學們，全體起立！」等大家都站起來，他又說：「讓我們以極其沉痛的心情對吳xx同學的不幸表示最衷心的哀悼。現在，我提議，全體默哀一分鐘！」

以往有好幾個老師面對類似情況，不是在班上大發雷霆，便是夾起書本扭頭就走。他的這一舉動使學生大吃一驚，個個面面相覷，不再擠眉弄眼和偷偷嗤笑。接下來，他

又故作吃驚地問:「吳ＸＸ是誰呀?」聽了這話,同學們都睜大眼睛惶惑地望著他。他指指自己的鼻梁說:「吳ＸＸ者,臺上新任國文老師是也。但他沒想到你們這樣敬重他,還替他立了『神主牌』,所以他在九泉之下得到消息,為了回應你們的誠意,很快就起死回生了,現在他就站在你們面前向你們道謝!」說完,他還真的向全體學生深深鞠了一躬。這一下,學生都開心地笑了,笑容是那麼燦爛,無形間似乎都覺得與老師的距離拉近了不少。結局是吳老師成功地用委婉含蓄的語言擺脫了難堪。

當你看完這則小故事時,難道不會拍案叫絕嗎?難道不想對這位姓吳的老師報以掌聲嗎?可試想,倘若這位老師採用以暴制暴的方法,還能換來學生的歉意和敬意嗎?顯然不可能。

第三講　打破僵局的高效策略

明修棧道，暗度陳倉的溝通藝術

由父親變成兒子卻能贏得觀眾的掌聲，這都是在緊急情況下運用智慧的功勞。正所謂急中生智吧？

這裡棧道借用作「轉機」之說，當失誤造成難堪時，將錯就錯，於錯中設下轉機，便能體面脫身，創造一個暗中糾正失誤的機會，從而解除難堪。

有個演員演「魯肅」，上場時匆忙間忘了戴鬍子，他隨著鑼鼓的節奏，走了過場，來到「周瑜」面前。「周瑜」大吃一驚，但他還是按原臺詞問了一句「你是何人？」「魯肅」照例一摸鬍子，糟了，沒戴！但他並沒有驚惶失措，而是靈機一動，把原詞「我是魯肅」改成了「我是魯肅的兒子」，「周瑜」也將計就計，說：「大膽！你小小年紀想來誆我，這還了得，快快回去喚你父親上來！」「魯肅」心領神會道：「遵命！」就這樣，他又從從容容地回去叫他的「父親」上場了（其實是回去戴鬍子）。如此，他們贏得了臺下本來要喝倒采的觀眾熱烈的掌聲。這一段裡「我是魯肅的兒子」、「快快回去喚你父親上來」就是運用機智設下的轉機，因為有它，「魯肅」才得以順利地下臺戴鬍子。

急中生智，化困境為順境，這是「明修棧道，暗度陳倉」的最高境界。

側面運用對方思路達成目標

運用「順水推舟法」時要注意的是；當涉及重大個人原則問題時，千萬要考慮仔細，並非任何問題都可以順水推舟，有時多費口舌還是必要的。只有當自己有十分的把握，能夠利用對方的言語「漏洞」時，才可藉機調侃嘲諷一番。

在生活中有不少事情是一時講不清、說不明的。當對方利用這一類問題來設置圈套時，置之不理自然不行，但做詳細的解釋或過度的反應也會使自己被動。而「順水推舟法」則是順著對方的言語和思路，或作巧妙的閃避，或作荒謬的誇飾，在不正面反駁對方言語的同時，迂迴曲折地表達了自己的態度，否定了對方的發難。

一位記者向剛果民主共和國前總統莫布杜問道：「你很富有，據說你的財產達三十億美元！」這一提問針對莫布杜是否廉潔而來，是極其嚴肅、敏感和易煽動民眾情緒的問題，只要回答不妥，就會陷入尷尬。莫布杜聽後，哈哈大笑好長一段時間後說：「一位比利時議員說我有六十億美元，你聽到了嗎？」

莫布杜不從正面否定或解釋說明入手，而是舉了一個更大數字的例子，以此來突顯記者問題的荒唐，間接地否定了提問。

第三講　打破僵局的高效策略

以褒揚對方緩解尷尬的技巧

對於為難自己的人，你要讓他比你更感為難，你以後的日子才會太平。

用這種方法針對對手的發難時，先是採取默認的行為，並按照發難者的旨意付出些行動，到後來再用隱含「逆轉」意味的語句陡然輕輕一點，順理成章地在「褒揚」對方的幌子下，使對方陷入跟自己相同甚至比自己更難堪的境地，從而使自己的難堪得以緩解或解脫。

張樂平有一幅出名的漫畫〈三毛叫媽〉，畫的是一個貴婦人牽著條哈巴狗碰見了三毛，那婦人譏笑三毛說，只要三毛叫她的哈巴狗幾聲「爸」，她就給三毛三十塊錢。這真是極大的人格侮辱，可是聰明的三毛很快就想出了一條妙計：他如數地叫了那狗幾聲「爸」，女人在眾目睽睽之下也只好按約定把錢給了三毛，三毛接過錢，感激地說：「謝謝您，媽！」這一下，就使原本高高在上的貴婦陷入了比自己更難堪的窘境，又得以顯露出自己的機智、幽默。

三毛人雖小，卻也是機靈透頂，不甘於受人侮辱，運用自己的智慧來回應對手，達到緩解難堪的目的。

第四講　巧妙說「不」的藝術

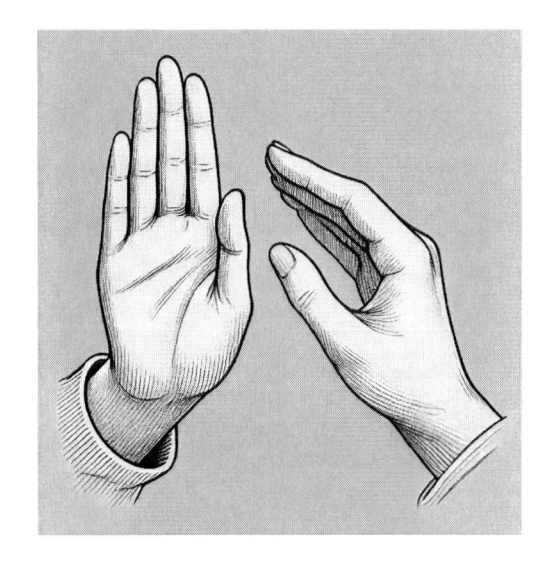

很多時候，回答的選詞只有「Yes」或「No」時，二者只能擇一，很多人非常為難，不知如何是好。但其實，說「不」並不難，只要拒絕有術，金口才教你輕鬆說「不」！

第四講　巧妙說「不」的藝術

運用格式化語言巧妙拒絕

在社交中，有時不冷不熱真不失為拒絕別人的最好辦法。

在日本，每年到了公司補員招考的時候，令各公司傷腦筋的問題之一，是如何發不錄取通知。因各公司考慮到，前來報考的人至少是對本公司抱有信任、好感，故也得對報考者的誠意表示心意，不能冷淡對待。但是，不能錄取就是不能錄取，必須表示得明確，以避免對方抱有幻想。倘若報考者帶著模稜兩可的希望，產生再試一次的心理，打電話來或直接前來要求面談，那情況不就很糟糕了嗎？

因此，許多公司的人事部門，寄出去的不錄取通知一般都是用印刷好的書信，內容都是公式化的禮貌話語。這種做法在心理學上是有根據的。因為公式化的字句，一方面能很有禮貌地表示尊重對方，用委婉的言詞回報應徵者的好意，可是另一方面卻以公事公辦的明確態度，斷絕了報考者可能產生的任何期待或遐想的餘地。

而有些不錄取通知，或者冷冰冰的，給人不快的感覺；或者熱乎乎的，令對方產生親密感，以致抱著期待的心理。以下舉出幾個例子：

運用格式化語言巧妙拒絕

「此次本公司招收職員承蒙應徵，非常感謝。經慎重審議，決定不能錄取，非常遺憾，特此通知。敬祝健安。」

「此次本公司徵募考試，您不及格，特此通知。」

「此次本公司招收職員，承立即前來應徵，非常感謝。您的成績相當好，不過，這次暫不予錄取，甚為惋惜。他日可能還有機會，務請見諒。」

上面三種不錄取通知，因措詞不同，帶來的感受也不一樣。第二種太過冷淡直接，第三種則是用「成績相當好」、「甚為惋惜」、「可能還有機會」等感情化的詞語太多，易引發對方再試一試的心理。

而第一種用了「慎重審議」、「非常遺憾」、「健安」等公式卻不失婉轉的詞語，既明白地拒絕了對方，又不致使對方不快或抱有幻想。這種方法，不限於用在發不錄取通知，任何場合要說「不」時，同樣也適用。

第四講　巧妙說「不」的藝術

借用對方邏輯，順勢回絕

以下教你如何借用對方的邏輯，順藤摸瓜達到自己的目的。只要運用得好，順勢而為，便能水到渠成、無往不利！

有間公司要邀請一位專家接受一項任務，可是那位專家手頭上已有太多工作，故按一般情形，他是不能接受的。所以拒絕接受的理由便只表達了「太忙」兩個字。但沒想到公司的業務經辦人員聽完後，心思一轉，便客氣地說道：

「正因為這樣，所以我們才拜託先生啊！」

聽了這句話，那位專家頓時有些愕然了。他想：是不是自己說的「太忙」這樣簡短的回應，被他們認為是話術上的欲拒還迎了，因此便再次強調說：「不，雖然我的確對這項工作有興趣，但還有其他工作，實在是太忙……」不料，公司經辦人員卻更進一步地說：「正因為先生很忙，所以我們才認為先生能很快把這項工作辦好，能者多勞嘛！我們一向不去拜託那些並不忙碌的先生。」

這雖然是一種巧妙的恭維話，卻也使那位專家失去了回絕的依據，最終還是接受了這個任務。

而以下說「是」的例子，其實，也適用於說「不」的時候。

借用對方邏輯,順勢回絕

第二次世界大戰期間,日本的電影公司「大映」的社長永田雅一,反對政府以「戰時體制」為由,把原來的五家電影公司裁減為兩家,他主張保留三家。

他說:「政府承認營利法人。」因為是營利法人,所以三家公司在經營上比兩家公司更為有利,更能促進相互進步。也正因為現在是戰時體制,國民如果沒有適度的娛樂,也無法令全民產生一致對外奮戰的熱情。

這就是借用對方的邏輯,堅持反對意見的例子。

第四講 巧妙說「不」的藝術

如何在無能為力時禮貌拒絕

人的能力畢竟有限，不可能面面俱到。對方如果聰明的話，他應懂得這個道理，否則即便拒絕他，也沒什麼好內疚的。

歌德《少年維特的煩惱》的主角維特因為失戀而自殺。失戀過的人都能理解維特當時的心情，當然，並不是所有失戀的人都會自殺。失戀後的大多數人，儘管心靈受到了創傷，但這創傷是會平復的。在平復過程中，多半會尋找各式各樣的理由，如：「幸虧沒有和那樣的女人結婚」、「她果真是高不可攀的」等等，以便安慰自己。但很明顯，這時能想到的任何理由都不是十分重要的。

這是心理學上所謂「合理化」的機能。它是防衛機制的一種，是為了消除內心的不安，為自己找一些理由來自我安慰。就像伊索寓言裡的狐狸，牠想吃葡萄，又吃不到，只好對自己說：「是因為葡萄太酸了。」這便是典型的合理化的例子。所謂合理化，就是將本身能力不足等本屬於自己的責任轉嫁到其他事物上，這樣即使失戀了，也可以防止把自己逼到絕路上。

如何在無能為力時禮貌拒絕

而利用這種合理化的機能，就可以盡可能地擦掉對方遭到拒絕時的不愉快感。

好比說，當有人前來拜訪並有求於自己時，得先等對方將說服的話說完，而此時你表面上須展現出被對方的熱忱所打動，讓他認為已經將你逼到了盡頭，可其實自己仍保留了做決定性答覆的餘地。而在經過幾次交談之後，才說道：「經過一番考慮，還是不便接受，實在對不起。」從而拒絕對方。

這種辦法，能使對方有一種滿足感：「我已盡力而為了！」且不免會想：「我都這麼努力了，還有什麼責任？」就自然不會把說服失敗的責任推給拒絕的一方：「那位老兄不是不幫忙，是幫不了忙。」有了這種理由為藉口，被拒絕後的不愉快感也就會消失了。因此，如果能巧妙地使用這種方法，就如同有些失戀的男人對女人永遠有好感一樣，你也可以在拒絕對方後仍讓他們對你抱有好的印象。

第四講　巧妙說「不」的藝術

表示盡力而為的合適方式

　　如果你實在力不從心，乾脆讓對方明白：天涯何處無芳草，何必定要將我找？可能別人比我更適合你呢！

　　當你的親友託你辦事沒有辦成，或者你要拒絕他們什麼要求的時候，也得設法讓對方得到某種補償，以表示你的誠意。這種補償對於對方可能沒有什麼實際意義，但在心理上來說，卻是十分重要的。

　　美國人際關係研究學者戴爾‧卡內基介紹過這樣的例子：

　　我有一個朋友是著名的演說家，有一次為了拒絕朋友的演講邀請，採用了下面的方法。首先，實話實說：「很遺憾，我的時間實在安排不過來。」緊接著推薦別的演講者，並說，「這位先生說不定是更適合的人選哦！」

　　這種拒絕的方法，至少有三個優點：

- 第一，說了「不」之後，馬上給予「補償」，使本來因被拒絕而產生的不滿、失望的感覺得到補償，把對對方的關心引導到第三者身上去。這時，你如果能詳細介紹有關那人的情況，效果會更好，比如推薦演講代替者時，

表示盡力而為的合適方式

要將其姓名、通訊地址、聯絡人,以及他的專長等,逐一告訴對方。
- 第二,不是因為其他的原因而拒絕,始終展現了協助的姿態,讓對方明白你的誠意。
- 第三,表示拒絕受託的請求確實是因為忙,離不開,以致設法用補償的方法來表示拒絕,讓說「不」的理由更加充分有力。

當然,如果還能設法使對方相信,經你補償之後,他現在所獲得的比原先要求的更令人滿意,那麼這反而會使對方因為被拒絕而感到慶幸。但要注意,倘若這時你是在推薦代替者,絕不可以過分自謙。這一點很重要。假如你說:「我不是合適的人選,他才是。」這話很容易被認為是別有用心。你一定要始終強調,你有心協助,但現在實在是分身乏術,力不從心。

不過補償的辦法當然不是僅此一種,還有很多其他方式。讀者不妨回想一下:在以往的生活中,有哪些時候接受到請求時,是可以協助他人,而你卻沒有協助呢?

第四講　巧妙說「不」的藝術

預先表達否定態度的技巧

「老好人」形容的往往是別人，但放到自己身上，卻絕不可能每天都維持「老好人」的形象，那多累呀！所以有時候，「酷」一點又何妨？

每一個人都希望別人覺得自己好。可是他人的評價，卻容易因第一印象的不同而有差別。比如：你對於張三來說是個冷淡的人，但在李四印象裡，你卻是一個熱情的人。這種現象屢見不鮮。正如英國社會心理學家阿吉爾所說的：「人們並不會一直在人前保持形象。站在舞臺上和不站在舞臺上是截然不同的。在舞臺上，人們會意識到觀眾的眼光，很注意自己留給觀眾的印象。」但不論表演得好壞，人們在舞臺上扮演的角色，在每個人心理都是不同的形象。

一位日本精神科醫生在著作中寫：他本人曾付出很多心血，為了給別人留下一個不好的形象──就是一個難以應付的人。他舉例說明，某雜誌社向他提出一個問題：被劫機者劫持的人質在精神上能堅持多久？他是這樣回答的：「這個問題，有幾十個小時吧。這實在很難回答。不過，你認為我知道？」

「是的，所以我才打電話問您啊！」

預先表達否定態度的技巧

「有道理,有道理⋯⋯這可叫人傷腦筋。」

「為什麼會傷腦筋?」

「因為我擔心,假如我無法回答你的問題,你也許會認為我是一個不高明的精神科醫生。」

「不會。不過,精神科醫生應該知道這種事吧?」

「你看,你還是認為我是精神科醫生,應該知道。」

「原來你真的不知道。」

把這種自我否定的形象應用到表示拒絕的場合時,你可能會預先表現出你是一個冷漠的人,一個對金錢斤斤計較的人。只要給對方留下了你的否定性形象般的印象,也就是對方對你的第一印象不好,就為說「不」創造了條件,最後,「不」也就比較容易說出口了。而在不得不表示拒絕的場合,你如果先給予別人肯定的正面形象,這反而是你非說「是」不可的第一步。這位日本醫生就是這樣給予對方「歪理專家」的印象,從而巧妙地擊退了對方。

第四講　巧妙說「不」的藝術

利用對方下意識巧妙回絕

「你母親對你很失望，她在哭。」不斷地重複這句話，竟能讓一個罪惡滔天的人認了罪，這的確是真實的事情啊！

對於夫妻吵嘴總是逆來順受的妻子，有一個絕妙的方法能使丈夫簡單地說出「不」來。那就是：「你母親不是說過不能這樣做嗎？」搬出一位讓對方不敢頂撞的第三者說「不」。據精神分析學的說法，每一個人的精神內部，都存在著超我（superego）──能對自己的自我賦予禁止或嚮往的道德機能。比如：父母對兒女而言是超我的存在。當幼兒做錯什麼事時，雙親會責罵說「不行」。然而，隨著幼兒的成長，即使未被直接責罵，「不行」也會經常以一種心理機能來支配他，所以，一旦被這種心理說了「不」，他就無力反抗了。

在日本，曾因連續強姦、殺人的案件而轟動一時的大久保清，據說，他後來之所以招認，是由於警方一再提到了他的母親：「你母親對你很失望，她在哭。」這就是「超我」起了作用。而除了上述雙親之外，還有良心等等，亦可起到相似的效果。

藉助眾人之口拒絕他人

別人都這麼說，你可不能怪我了吧！

假定你的主管派你做一件事，你本想說「不」，但又很難開口。這時，你可以拜託兩位同事，陪你一塊去主管那裡。

這種三人戰術，絕非倚眾仗勢，而是靠集體來掩飾自己，借用眾人之口說出自己的「不」的一種有效的心理戰。

首先，讓事先約定好飾演贊成派和反對派的兩位同事，在主管面前展開爭論。

當辯論即將結束時，你可以來一句「原來如此，那恐怕很難辦了！」不著邊際地投向反對者的一方。僅只如此，你就可以不必直接向主管說「不」，而表現了自己的「不」。

這樣做等於造成了一個印象：互相經過一番辯論，絞盡了腦汁，而匯集多數的結論是「不」。如此，包括科長在內的在座全體成員，誰都不會有自己的自尊和感情被傷害的感受。由於是三人關係，即使意見對立，也經常是二比一，「不」的意見本身也能以多數的方式表現出來，顯得比較溫和。

但如果僅是你和主管兩個人面對面，事情的進展就不會

第四講　巧妙說「不」的藝術

這麼簡單了。俗話說：「兩人旅行是不睦之本」，兩人相處，不一致的意見會被倍數放大，而有相似理念的建議在這種情況下則容易被忽略。

這種心理運用，其實就是基於心理學的集體行動理論。在心理學上，把兩人的集體叫做 diad（一對一），把三人的集體叫做 triad（三合一），而在兩人集體的情況下，看上去雖然很少表現一致或不一致，但這種關係實際上存在著風險，不知什麼時候會破裂。因此，彼此間的關係安定性極小。然而，在三人集體中，彼此的關係常會是二比一，即使對某一個意見表現了贊同與否，也是多數意見的形態，很少有「對立關係破壞了」的危險性，所以「安定度極高」。這三者的關係，不是「支配兩者」或「介入兩者中間」，就是「被兩者支配」。拿上面的例子來說，先讓兩個人辯論，自己則裝作「被兩者支配」的樣子。接著，「介入兩者中間」去支持否定的一方，最後，以總和的意見得出否定的結論，從而「支配兩者」。

這種方法不只限於三人集體，五人、七人的奇數集體也可以應用。旁觀大家進行辯論，自己在後來才逐漸加入反對者的一邊。這樣會給人一種印象：你是尊重全體成員的意見，在越辯越深入後，才轉到反對者一方，可見你並非要存心反對什麼。

第五講　潤物細無聲的讚美之道

俗話說，到什麼山上唱什麼歌，看什麼人說什麼話。想學會說話就得先學會讚美，千萬別吝嗇讓「讚美」的花朵開遍曠野。據心理學家研究證明：除了白痴之外，誰都視讚美為珍寶！

第五講　潤物細無聲的讚美之道

讚美前的洞察力培養

不要以為人人都會講好話,「馬屁」拍在馬腿上的話,只會自討沒趣!

俗話說:「到什麼山上唱什麼歌,看什麼人說什麼話。」除去其中見風轉舵的負面印象,「看人說話」有其正向的意義,看什麼人說什麼樣讚美的話,會令我們在交往中更遊刃有餘、得心應手。

(1) 什麼樣的山,你就唱什麼樣的歌

讚美別人,不單單是花言巧語,更重要的是根據對方的文化修養、個性性格、心理需求、所處背景、角色關係、語言習慣乃至職業特點、性別年齡、個人經歷等不同因素,恰如其分地恭維、讚美對方。

1889年,清廷任張之洞為湖北總督。新任伊始,適逢新春佳節,撫軍譚繼洵為了討好張之洞,設宴招待張之洞,不料席間譚繼洵與張之洞因長江的寬度爭論不休。譚繼洵說五里三,張之洞認為是七里三,兩人各持己見,互不相讓。眼見氣氛緊張,席間誰也不敢出來相勸。這時位列末座的江夏知縣陳樹屏說:「水漲七里三,水落五里三,制臺、中丞說的

都對。」這句話替倆人解了圍,都撫掌大笑,並賞了陳樹屏二十錠大銀。

陳樹屏巧妙且得體的言詞,既解了圍又使雙方都有面子。這種讚賞就充分考慮了聽者的心理和當時的境況。

(2)「拍馬屁」別拍在馬腿上

每個人在生活中都扮演了多重角色,角色關係不同,說話方式就不同,讚美的方式也就不同。對朋友可以真心誠意地誇他,對上司要含蓄適度地讚美,否則會被認為是「拍馬屁」,對愛人要甜言蜜語地稱讚,對長輩要恭恭敬敬地討好,對小孩以和藹可親的面容誇獎。

有一個故事:

在朱元璋做了皇帝以後,有一個從小一起玩的朋友來向他求救。

一見了朱元璋之後就說:「我王萬歲!當年微臣隨駕掃蕩廬州府,打破罐州城,湯元帥在逃,拿住豆將軍,紅孩兒當關,多虧某將軍。」

朱元璋聽後,心裡十分高興,就封他做了御林軍總管。

另一位朋友聽說此事以後,也想到朱元璋那裡討個一官半職。他見了朱元璋,喋喋不休地說了起來:「我王萬歲!還記得嗎?從前你我都在替人家放牛,有一天我們在蘆花叢

第五講　潤物細無聲的讚美之道

裡,把偷來的豆子放在瓦罐裡煮,還沒煮熟,大家便搶了起來,結果罐子打破,撒了一地的豆子,湯潑在泥裡。你只顧滿地撿豆子吃,不小心把紅草葉子送到嘴裡。葉子便在喉嚨裡,苦得厲害。幸虧我出了個主意,叫你把青菜葉子吞下去,才把紅草葉子帶到肚裡去⋯⋯」

朱元璋在大殿上聽了這些不顧體面的話,不等說完就喊道:「推出去斬了!」

兩個窮朋友,敘述了同一件事,一個做了大官,一個丟了性命。歸根究柢是前者注意到角色階級關係,而後者卻忽略了這一點。從前他們是一起玩耍的夥伴,但如今一個是皇帝,一個是貧民,怎麼能同日而語呢?

在交流中我們應當注意人與人之間的關係,並判斷自己與交談對象是否是在這種角色階級位置不一致的情境。也要注意審視面對的幾個交談對象之間的關聯程度,與判斷交談對象於談話中涉及的人物間的關係。最後,只有準確、清楚地明辨這些關係後,才能使交談順利進行。

(3) 切忌「哪壺不開提哪壺」

俗話說:牽牛要牽牛鼻子。讚美同樣要抓住關鍵來讚美,這就需要洞察對方心理,了解對方的心理需求。切不可「哪壺不開提哪壺」。

讚美前的洞察力培養

古代一位財主中年得子，非常高興，擺了酒席宴請親朋好友。親戚朋友見了嬰兒都揀好聽的話說，有的說這孩子大福大貴，將來一定會做官，有的說這小孩一臉福相，將來一定家業興旺。財主聽了心裡樂不可支，偏偏這時一個人說：「這孩子將來一定會死。」此話一出，財主的好心情立刻就沒了，酒席草草結束。

此人所言的確是真話，生老病死，誰也逃脫不了，但他忽略了財主的心理需求，冒冒失失講出這句話，肯定讓人又氣又惱。

有一次，中國的一名相聲演員侯耀文對他父親侯寶林說：「爸爸，我最近聽到一些傳言，說某商店裡的服務員，態度差勁，常對顧客擺臭臉。我想寫段相聲諷刺一下。」

侯老聽了，沉思了一會兒，說：「你想諷刺服務員，可你了解他們嗎？薪水不高，上班一站就是八九個小時，這多辛苦！再說，誰沒有不順心的事？誰能老是維持笑笑的模樣？又沒吃『笑素』！而且顧客裡頭也有搞蛋的，遇上那些人，你開心得起來？我不是說服務員有缺點就不能諷刺，但前提是先去調查研究一下，了解他們的工作和生活，體諒人家的難處，那才能寫出感情，批評得入理。」

侯老的這一席話，充分展現了對他人的關心與理解。只有擁有理解他人的心理，了解他人的喜怒哀樂，才會把握好說話的內容與分寸，才會知道如何抓住對方的心理讚美對方。

第五講　潤物細無聲的讚美之道

(4)細微處入手,潤物細無聲

了解他人的心理不僅要抓住對方大致的情緒波動,且要於細微之處下功夫,利用細小的刺激來影響特定情形下的心理,才能使讚美收到「潤物細無聲」的效果。

人的心理有相對穩定的一部分,但也有不穩定的部分,往往隨氣氛和場合的變化而浮動。細心的人就善於捕捉對方此時此地的心境,予以適當的讚美。

元旦晚會上,大家都興高采烈,有說有笑,臺上節目精采紛呈。在角落裡,只有小王一個人悶不作聲,心事重重。這時主持人發現了他的變化。他想:「小王平時表現都挺積極,做事熱情,今天是怎麼了?」接著他想到小王是新轉來的學生,可能是想以前的同學了。於是對大家說:「小王是這學期剛轉來我們班的。平時各方面表現優秀,與同學關係也很融洽,現在我們就像是一家人了,無論是在課業上、還是生活上,我們都要一起努力、進步,享受充實快樂的每一天。現在,讓小王為我們唱首歌,好嗎?」小王聽了這番話,被深深地感動,感受到了新同學的溫暖與凝聚力,很快就與大家打成一片。

主持人是個很細心的人,善於觀察他人心理的細微變化,並用讚美、鼓勵的話解開心中的不快。可如果只是個做事馬虎、粗心大意之人,只顧自己玩樂,那麼氣氛一定無法如此融洽。

如何以心欣賞成功人士

該講出口時就勇敢說出來,讚美他人有何錯?

事業有成,是一個人能得到讚美的本錢。無論對方相貌有多醜陋或者性情有多怪癖,只要是事業有成之人,他就有資格接受各式各樣的讚美。讚美事業有成的人是衡量你是否會讚美的基準。

當一個人事業有成,那就說明此人一定有別於常人的洞察力、智力和認知自我的能力。他們比任何人都更了解自己,清醒地明白自己的長處與短處所在,能很清楚地判斷你對他的讚美是否言過其實,有無阿諛奉承之嫌。因此,如果你要讚美事業有成的人,可就要處處注意了。

說到這裡,大家可不要心懼恐慌,覺得還是少惹事為妙。其實,只要你抓準了機會,用對了方法,還是可以坦然流暢地讚美他人。關鍵就在於你要真正地了解對方。

兵書上有:「知己知彼,百戰不殆。」正是這個道理。既然對方事業有成,你就要緊緊地咬住這一點,把他的業績、長處牢記在心,可以隨時用於談話之中。給對方一種你很了解他,是發自內心讚美他的感覺,自然會對你產生好感。而

第五講　潤物細無聲的讚美之道

這時，你可千萬不要誇大其辭，這種人一般是很注意實事求是的。

除了讚美他的業績之外，你也可試試讚美此人的其他方面。事業有成之人，有很多在其他生活細節方面也很優秀的，只要你能抓住這一點，你就比其他讚美他的人有優勢多了。

畢竟屢聽不鮮的稱讚是很難長時間地吸引一個人的。創出新意，在其他意料外的地方讚美其人，肯定會有所收益。

如讚美他的獨特本領。比如說他一工作起來就廢寢忘食，可以達到忘我的境界，或注意力非凡，過目不忘，還有預感能力強，能審斷一個人的能力強弱等等。這些優於常人的能力，只要你修飾一下說出來，定會使對方高興不已。

也可以讚美他的興趣、喜好、特長，或稱讚他的性情品格。以及不觸及底線的私人生活，如另一半、孩子、家庭也是能稱讚的好對象。

上述幾點，講的都是一些正當的、直接的讚美法。那麼，在稱讚一位事業有成的人時，可不可以使用間接的、不算十分正當的讚美法呢？當然也可以。

如前面提到過的俏皮話。因為要讚美的人事業肯定非常忙，你可以誇他：「您真是太勞累了，美國總統都沒您忙呢！」而若此人書法頗有成就，也可說：「噢，王羲之跟您相

比,肯定會自嘆不如。」等等。這些話雖略帶有拍馬屁的性質,但也不能不承認它會使對方十分開心。因為諸如此類的話,並不會給人一種很虛假的感覺,反而會讓人覺得他就是在讚美自己。

第二種方法就是投其所好。經常與對方講到關於他事業方面的話題,問問近況如何,營運如何,有何計畫等等。引起對方的濃烈興趣,就能達到不言而讚的目的。而在遇到有關對方事業的問題時,便不用太堅持自己的觀點,適當妥協讓步,使對方產生自我滿足感,也會達到間接讚美的成效。

還有種方法就是要不斷請教。若是在對方說話時,你也時不時插上一兩句,佯裝自己也很明白的樣子,不比對方差,搞不好會讓對方覺得你是在向他示威。所以多多請教對方,讓對方有地方多多指點自己,在兩人的對比中突顯他的優勢,滿足對方的成就感,便是你又一次讚美成功的表現了。

要讚美事業成功的人並不難。既然他已經有事業有成這一前提條件,你就不怕無話可讚。上面已經講了多種直接讚美法、間接讚美法與讚美的可觸及範圍,大家不妨借鑑一下。

第五講　潤物細無聲的讚美之道

巧妙讚美自負之人的技巧

自負的人本來就傲慢，再讚賞他，豈不是會令他更傲慢嗎？所以這就得看你的本領了，能令自負的人佩服你，你的讚美技巧也就學到「家」了。

何謂自負？就是絕對地相信自己，認為自己有能力、有資格得到他人的稱讚。自負，也可稱之為虛榮心，虛榮心是指在他人的評價中得到滿足。而自負的人，便極其渴望時常得到他人的讚賞。但在高傲的心理作用下，卻又經常會對他人恭維自己時表現出很不屑的樣子，認為這樣才能展現自己真正的能力，才更酷。他們認為自己就是那麼優秀，別人就是應該稱讚自己，而自己獲得多少稱讚都是理所當然的。自負的人總覺得別人都不如自己，自己說的、做的都是對的，因而也就需要別人及時的附和，即稱讚。

正因為一個自負的人有這樣的思想、心態，才使我們讚美別人時有諸多不便。但自負的人也正是因為本身有可自負的條件才高傲的，所以他們的確會有其過人之處。然而，自負的心態會使他們內心的虛榮感遠遠超出了自己本身實際的成就，但他們偏偏又看不清這一點，總想使人們依照自己心裡的天秤來衡量自己。而當你在讚美他時，即使滿足了他的

巧妙讚美自負之人的技巧

虛榮心，也只會得到他不屑一顧的表情，認為別人就是應該迎合他，自己沒被打動不說，還會傷害到讚美人的自尊心。

因此，在你要讚美一個自負的人時，千萬不要張口就誇，不僅要有足夠的深度，切中下懷的見解，還要有絕對的說服力和震撼力。

讚美自負的人，目的不僅在於要取悅他，要他對你產生好感，更重要的是要征服他，從而在他那學到你所不知道的，擴展你的知識面。也讓對方了解到自己同樣也有這份能力，不必在自己面前太過驕傲。

先舉個例子看看——

甲是某政府機關要員，他有個愛好就是國畫，他的國畫得過許多大獎，屢屢在市內展覽館展出。也得到許多人的正面評價，在機關內聲望頗高。可是這使甲越來越自滿，剛開始還會對稱讚他的人點頭一笑，現在卻連理都不理。一次，他在工作之餘，又揮筆畫了一幅畫，主要背景是一棵樹，卻又著重畫了一隻美麗的孔雀。大家對色彩鮮豔、栩栩如生的孔雀讚不絕口，甲卻不以為然，自顧自地擺弄著筆墨。這時乙走出來，說了句：「孔雀畫得固然是漂亮，但是最關鍵的還是樹畫得棒，襯出孔雀的美麗。」聽了這話，甲頓時一愣，定睛看了看乙，說：「你算看懂了。」之後兩人就成了好朋友，甲每次畫完畫都會主動拿給乙看，乙也把自己的觀點一一說出來，同事們都說甲只肯聽乙的話。

第五講　潤物細無聲的讚美之道

其實，乙也不一定會畫國畫，關鍵就在他有很好的鑑賞力。他在讚美時往往能切中要害，無論是好是壞，他總能找出它好在哪，不好在哪，這樣就與對方產生了共鳴。對方把你當成他的知己，覺得只有你才夠了解他，才有資格批評他的東西，同時，他也能在你的批評中獲得更多的滿足感，取得更大的進步。他會認為你與他一樣優秀，也會讚美你，在這種情況下，你不僅成功地獲取了對方的好感，也獲得了相應的讚美。如此，你的目的不是就達到了嗎？

上面講到的那種讚美方式，完全脫離了阿諛奉承的形式，既沒有貶低自己來提高對方的身分，也沒有誇大地昧著良心去稱讚一個人。對方亦不會覺得你很庸俗，反倒會覺得你很有品味。相應的，有時貶抑也會得到這種效果。

張女士是某廣告公司的廣告企劃人員。一次，她們公司接下了某日本服裝公司的生意為他們設計廣告內容。初次見面時，那個日本老闆對張女士表現出很狂傲的姿態，對她對該服裝公司的敬慕表示不予理睬，還說臺灣人很呆板、沒創意，對臺灣廣告公司的能力表示懷疑，但日本的廣告品質就很高等等。他的這一席話惹惱了張女士，她馬上反擊：「你們總公司前不久還說什麼要全力以赴開拓臺灣市場，我當時還對你們的遠見深信不疑，但現在看來，我們是不可能了。因為你們根本不相信臺灣，不相信臺灣人的能力！」對方聽到此話，深感震撼，馬上緩和下態度致歉，表示他們是誠心誠

巧妙讚美自負之人的技巧

意地要與臺灣人合作,也表示願意尊重臺灣方的意見與進一步洽談。

張女士成功地利用了先褒後貶的說話方式,先表示原本是相信日本公司要開拓臺灣市場的宏願,卻又反擊正因為日本公司不信任臺灣,最後將致敗北,婉言表示希望日本公司能夠相信臺灣,相信臺灣人。她的這種語言技巧不僅很明顯地表現出對對方的讚揚,也絕不示弱地表現出自己的自信,使對方無法貶低己方。

故面對自負的人,有時也很有必要像她那樣挫挫對方的銳氣。只要你能使對方折服,而又不讓對方太過難堪,不反感自己,那你就獲勝了。

但要切記,貶抑對方時千萬不要太過火,不要刺到自負的人感到最自傲的那一面,否則結局可就不堪設想了。

另外,讚美自負的人還有一種方法。就是在前節談到的讚美其他人沒有發覺到的優點。前面也提到自負的人心裡的成就感往往高於實際的成就,所以他們希望別人能多多發現出自己的優點,甚至是自己也沒有察覺到的部分。

某大學生張君是校園裡出名的「歌星」。每次晚會或娛樂活動都少不了他出來獻聲,有不少的「歌迷」擁護著他,甚是得意。而在一次餐會上,他又成功地演唱完了一首歌,迎來了一片喝采聲。回到觀眾席後,一個學弟對他說:「學長,你

第五講　潤物細無聲的讚美之道

跳舞應該也很棒吧？剛才看你搖擺身體的姿勢，覺得你肯定也很會跳舞。」張君聽了自然很高興，就故作謙虛地說自己並不會跳舞，只會唱歌而已。這時，這位學弟馬上轉換話題說：「對呀，你的歌喉真是不錯，有空也教教我吧！」張君欣然答應。這位學弟也就順利達到了「拜師」的目的。

在此需要注意的是，你在誇讚他人時一定要根據不同人的不同特點，不能盲目稱讚，否則搞不好會適得其反。如一個人本來就很不會打籃球，但你偏要說他打得像喬丹，那就不好了。即使他是很自負的人，也會感到你的話是在譏諷他。

博得美人一笑的祕訣

　　人的個性都是大不相同的，女人也不例外。因為受著家庭背景、教育程度、人生經歷等外界環境的影響，她們會有不同的性格、愛好、品味，對每件事物的看法不同，重視程度也不同。不同的女性因為對各種事物重視情況不一，故你必須針對不同的女人給予不同的讚美。然而，女性又作為一個整體，根據世界萬物近者相赤的原理，她們之間必然有著天性上的共同點。

　　只要知道其共同點是什麼，抓住這個共同點來讚美就可以了。那麼，這些共同點都是些什麼呢？我們可以大致分為容貌、修養、性格、能力四方面。

　　愛美是女人的天性。她們喜歡美麗的環境、美麗的事物。如見到美麗的風景會驚嘆不已，見到漂亮的蝴蝶又或者是可愛的飾品會愛不釋手。由此，也總是希望自己在別人的眼中同樣是美麗動人的。

　　當然，女人的確是美麗的。無論是先天還是後天，她總有她的美麗之處。先天之美首推容貌，然後有皮膚、頭髮、身材等等；後天之美首推服飾，然後有化妝、首飾等等。沒

第五講　潤物細無聲的讚美之道

有一個女人不喜歡別人稱讚她漂亮，她們認為擁有漂亮的外貌，相當於擁有了征服世界的本錢，從而對未來充滿了希望。

切記，男人眼裡的女人總有美麗動人之處。或者是大而明亮的眼睛，或者是光滑細膩的肌膚，或者是烏黑亮澤的秀髮，又或者是婀娜多姿的身材，還有新潮得體的服裝，再加上燦爛迷人的笑容，這些都能成為你讚美的對象。對一個女人而言，她不可能沒有一點優點，她的舉止，她的氣質都可能有吸引人之處。只要你善於去發掘她，去捕捉她，並讚美她，定能得到女人的賞識與青睞。

讚美一個女人漂亮也有很多的學問。一般的女性不管多美，對自己都會有所懷疑，對一些小小的問題也會耿耿於懷，自卑不已。所以要稱讚一個女人漂亮時，不要用太過籠統的詞如「妳很美麗」、「妳很漂亮」等。最好是選出一些具體的地方，用「妳身材真棒」、「聲音真迷人」等等比較好。當然，要是對方是一個真正的美女，那就另當別論了。還有要注意的是，女人總不會希望只有你一人讚美她漂亮，她們希望大眾都讚美她，從而十分在意別人在背地裡如何評價她。所以，當你在讚美一個女人時，說：「聽別人說妳非常迷人，今天見來果真名不虛傳」或「聽同事說這裡來了位正妹，我猜得沒錯的話，就是妳吧？」這些用語，肯定會讓女人心裡樂不可支。

現在談一談女人的修養問題。有一些女人,她們雖然外表漂亮,卻在日常生活中表現得毫無修養、俗不可耐。沒有內涵的女人是不可愛的,即使因漂亮受過不少稱讚,但時間一久,這種讚美就會逐漸減退,不能經受長時間的考驗。因此,對一個女人而言,對她修養的讚美也是非常重要的。因為女人本身也了解這一點,從而覺得這個男人有想法、有深度。

下面再談一談女人的性格。通常女人的性格中最值得稱讚的就是善解人意。女人憑自己敏銳的直覺,能察覺出男人的心理活動,從而做出適當的反應,無論是行動上的還是語言上的,男人都能得到感情上的安慰,心安理得地成為女人的「俘虜」。因此,許多女人經常以此為榮,認為只有做到善解人意才能展現女人對男人的價值。所以,多稱讚一下女性善解人意的性格吧!她一定會十分高興。

除了這個之外,你也可稱讚她溫柔、活潑、熱情等等。

而現代人注重個性,讚美一個女人有個性已成了一種時尚。固執的性格可當作有個性來讚,孤傲的性格也可以作為有個性來讚,或是像男人一樣不拘小節,有些潑辣的女性也能以有個性來稱讚。只要是稍稍區別於大眾的性格,你用「個性」二字來讚美她,無論是哪種女性,她都會覺得你這個人很有品味。

第五講　潤物細無聲的讚美之道

　　最後呢，該談一談女人的能力了。現代社會，女人在各種事業中都表現出了自己非凡的能力。她們不僅能把自己分內的事完成得十分得體，還會憑她們細心的洞察力去發掘工作中出現的問題，把各部門的事情安排得十分妥當，有些女人的工作能力甚至大大地超越了男性。所以女人在取得很大的成就時，她是需要被這個社會肯定的。她們希望這個社會能認同自己，肯定自己的能力，也希望自己在他人眼中不再處處依附於男人，而是能夠獨當一面，把事情處理得完好無瑕。於是，她們就需要男人的讚美，希望自己所做的能得到男人的認同與賞識。如果你是她的老闆、上司或同事，可千萬別忽視她的業績，常常鼓勵她、讚美她，來換取她面對工作時更大的積極性吧！

　　除此之外，生活中女人的能力也值得你一讚。日常家務，如煮飯做菜、收拾房間、照顧孩子等等，這些雖是一些細小得不能再細小的事情，但都能表現出女人的動手能力、審美能力、教育能力。只要你在日常生活中不忘讚美一下女性，就能得到女性一致的好評。

如何讚揚春風得意之人

「錦上添花」固然好，但可別成為一個人人厭的馬屁精哦！

很多人在事業有成、春風得意的時候，喜歡聽到讚美的話語，但是如何去讚美一個正春風得意的人呢？說得好了是錦上添花，說不好就是阿諛奉承了。

一般來說，異性之間的讚美會更有力度，使人更有成就感，尤其是女人的青睞、好感、稱讚，會使男人產生極大的榮譽感。同樣的話，他們會更樂於從女人的嘴裡聽到。對男人來說，事業順利、生意興隆、職位升遷、有社會地位、有名譽、有鮮花和掌聲往往意味著他們在男性世界的成功，這是最基本的。可是大多數男人更看重他們在女人嘴裡的模樣，因為這也意味著他們在女性世界中的地位，這是一件令人更加興奮和愉快的事情。

可是一個男人不管有多成功，多得意，他內心深處最渴望的還是別人的理解和關懷。一般的理解和關懷都是無可厚非的，但一定要注意拿捏「分寸」，過猶不及，說得太誇張、太過分、太直白了，就會被人當成追逐名利、愛慕虛榮的女人，會成為男人心底討厭的勢利女性。因此，即使是讚美，也要掌握分寸，通常從以下幾個部分著手讚美別人，是比較容易被接受，而且會收到預期效果的。

第五講　潤物細無聲的讚美之道

(1) 在讚美人的同時，注意表達關心與體貼

關心與體貼是女人善良天性的表現，也是女人細膩溫柔的展現。女人的關心有如拂面而過的和風，又如沁人心脾的淡淡花香，會在不知不覺中悄悄滲入男人的心靈之中，溶入他們的心田。男人最喜歡的是那種會關心、會體貼、善解人意的女人，女人的關心和溫柔會讓男人打從心底感激和欣賞。

以前，曾有人這樣讚美過別人：

「張老師，您那本書寫得真好，花費了很大工夫吧？您可得注意休息了，您看您比以前瘦多了。」

「劉總，這麼大的工程，您一個人就搞定了，真了不起，不過您要注意身體呀！別光為了工作，累壞了自己。」

「趙大哥，你那件生意談成了？怎麼談的？以後您可得教教我，我要拜您為師，向您學藝。」

這些又溫馨又充滿敬仰與關切的語句，怎麼能讓男人不動心，不打從心底感激，不視女人為自己的好友呢？

(2) 在讚美人的時候，恰當地表現出崇拜的目光

不管男人還是女人，都希望有人崇拜自己，都希望被人用尊敬、仰視的目光看待。這也是人之常情，被人崇拜是無法拒絕的，崇拜意味著對「自我」的肯定，是一種人生價值的

如何讚揚春風得意之人

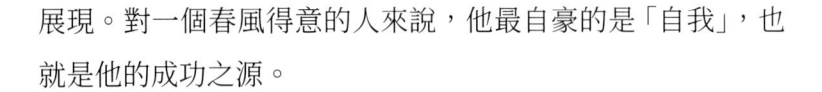

展現。對一個春風得意的人來說，他最自豪的是「自我」，也就是他的成功之源。

(3) 別忘了在讚美的同時予以鼓勵

一個女人鼓勵一個男士，既是對他過去成熟的肯定，對他以前創業生涯的一種肯定，又是對他未來充滿信心的一種表現。人在任何情況下都希望被支持和鼓勵，人不僅對自己有信心，更需要別人對自己有信心。現在的社會，競爭如此激烈，壓力如此大，成功過程中碰到的障礙也越來越多，一個成功的、春風得意的男士，即使在一定程度上展現了自我價值，但仍然需要被鼓勵，尤其需要別人對他有信心。

還有一些男士，在春風得意時，往往會在別人的一片頌揚聲中沾沾自喜，自高自大，忘乎所以。而女性委婉的激勵，有時就像一劑良藥，給春風得意者一點不動聲色的提醒，進一步激發起他的冷靜和投入下一次競爭的熱情。

鼓勵對方其實就是在替對方著想，期待對方有更大的成就，聰明的男士會認為妳是他真正的朋友，而不是那種愛慕虛榮的小女人，因此，他也會把你當作朋友來看待。

在讚美一個春風得意的男士時，有一點特別忌諱的是，不要當著這位男士的面大肆批評他的競爭對手，這樣做也許在當下能讓這位春風得意的男士十分高興，但過後，他就會

第五講　潤物細無聲的讚美之道

清楚地意識到這種以貶低一個人來襯托另一個人的手法有多麼笨拙,並且讓人覺得妳只是巴結和恭維。所以,建議那些想要在錦上添花的朋友,一定注意,添花要小心,要掌握好分寸,不要鬧出笑話來,反而遭人反感,得不償失。

第六講　掌握批評的分寸感

在批評他人之後，又能讓其樂於接受，那才是真正成功的批評。而要想達到這種效果，就需在口才上多加琢磨，運用高明的話術，才能使批評恰當得體。

第六講　掌握批評的分寸感

批評中不忘撫慰的技巧

在講究說話藝術的今天，良藥未必苦口，批評也需講究方法。不顧時間、地點、對方心理，直截了當、劈頭蓋臉的一陣惡言冷語，既達不到批評的目的，反而會適得其反。故學會和風細語地指出別人的錯誤和缺點，好處多多！

在指出他人的缺點之前，得先考慮到是否會因為與對方意見相違，而傷害到他的自尊；以及顧慮到對方是否會認為受到侵犯，而態度蠻橫地予以反擊。所以為了避免這種狀況，就需要用讚美的話語來做調和劑，令人反駁不是，發怒也不是，再加上批評得有理有據，才能令其心悅誠服地接受。

首先必須設想一個批評的限度，否則你的忠告也許會適得其反。當你要指出別人的缺點時，必須先了解人類的脆弱與不完美，及抱持著自我反省的心態，以及與對方一同背負過失的謙虛態度，讓對方發覺自己的缺點和錯誤。接著，為了減少被批評者的反抗心理，可以事先準備些讚美的語句，在批評他人之前，先讓對方服下這副「靈丹妙藥」，然後再轉入正題。最後當對方因你指出的缺點感到難過或難以接受時，讚揚就起了很大的中和作用。

而在電視節目上的一些歌唱比賽、辯論賽。專家在點評時，便經常使用這些幾乎是無往不利的妙招：先是指出選手的優點，然後再根據具體情況指出不是。比如對方是名歌手，就先指出他音質不錯，臺上表演力很強，然後再指出他於某些轉折處缺乏經驗，細節處處理得不夠好；而如果對方是位辯手，可以先讚揚他頭腦靈活、才思敏捷，再指出他的一些失誤。

然不僅是在這些比賽中，在談判桌前，在工作中，在生活中，在一切與人相處中都會用得著這一招「先揚後抑」法。老師為了不打擊學生的自信心和學習積極性，總會先分析這位學生的優點、進步的地方，然後再慢慢道出他的不足之處。這種方法使人在心理上能夠接受，面子上也過得去。既達到目的，又保住自己而不傷害別人，何樂而不為呢？

又一例子，某機關辦公室的主任有一天一大早見到他的一位女打字員，便誇她：「妳今天穿這身衣服很漂亮，更顯年輕美麗了。」那位女打字員聽了受寵若驚，很高興。這位主任又不急不忙地接著說：「可是，我說這句話的目的，不僅是要妳心裡高興，還希望妳今後打字的時候多注意一下標點。」

雖然這位主任的話未免太直白，但方法值得效仿。就像一粒很苦的藥丸，外面裹上糖衣，先讓人感到甜味，容易一

第六講　掌握批評的分寸感

下子吞到肚裡。於是藥物進入腸胃，藥性再發生作用。病人既不會感到藥苦，難以下嚥，又能把病治好了。可如果主任直截了當的指出，「以後注意標點」，那位女打字員可能會覺得羞愧、難過、難以接受，或者還要爭辯幾句。這樣，主任的規勸就失去了效果，還可能引起下屬的不滿，令雙方不愉快。

軟中帶硬的表達方式

綿裡藏針，柔中帶剛，明者自明，不明時，再直接向他說明！

人人都喜歡表揚、稱讚，遇到批評時總是令人難堪的。但是「人非聖賢，孰能無過？」如果我們發現別人的錯誤而不能指出，甚至還要隨聲附和，那會是件多麼令人委屈、不安的事情。

因此，要擺脫「說」還是「不說」這種左右為難的尷尬局面，需要掌握批評的技巧。批評是交際中最難把握的一種表達方式，要考慮時間、地點、對象等多種複雜因素，且要照顧對方的自尊心，力求不傷害對方。

我們經常會看到這樣的場面：

一位上司不分場合對其下屬大聲斥責，認為如此就可以樹立威嚴，下屬才會服從他；一位家長不顧孩子的感受嘮嘮叨叨不停指責孩子的缺點，以為這就是對他們的愛；一位老師一臉嚴肅在學生的考卷上指指點點，厲聲訓斥，以為這樣他就會發憤學習。而同事之間、鄰里之間、朋友之間則不留婉轉、不顧方式地指責對方的缺點、過失……

第六講　掌握批評的分寸感

他們的做法對嗎？暫且不評判，看一下實際效果吧！這種批評方式往往事與願違，即使對方意識到是自己的錯誤，也會強詞奪理，甚至拂袖而去，弄得不歡而散。但如果我們換一種方式，私下與其交換意見，委婉表達自己的想法，並與他講事實，論道理，分析利弊，他就會心悅誠服，真正接受你的批評和幫助。

可見，批評的方法是關鍵，方法不同，效果當然也不同。批評成功的條件，基本概括起來有三條：一是真心實意；二是有徹底、中肯的分析；三是運用恰當的批評方式。下面就來具體學習一下批評的方式吧──

(1) 啟發式

要使對方從根本、從內心意識到自己的錯誤，需要批評者從深處挖掘錯誤的原因，曉之以理，動之以情，循循善誘，幫助他認識、改正錯誤。

(2) 幽默式

幽默式批評就是在批評過程中，使用富有哲理的故事、雙關語、形象等的比喻等，以此緩解批評時緊張的情緒，啟發批評者思考，從而增進相互間的感情交流，使批評不但達到教育對方的目的，同時也創造出輕鬆愉快的氣氛。

軟中帶硬的表達方式

伏爾泰曾有一位僕人，有些懶惰。一天，伏爾泰請他把鞋子拿過來。鞋子拿來了，但布滿淤泥。

於是伏爾泰問道：「你早上怎麼不把它擦乾淨呢？」

「用不著，先生。今天路上都是淤泥，兩個小時以後，您的鞋子就和現在的一樣髒了。」

伏爾泰沒有講話，微笑著走出門去。僕人趕忙追上說：「先生慢走！鑰匙呢？食櫥上的鑰匙，我還要吃午飯呢！」

「我的朋友，還吃什麼午飯。反正兩小時以後，你就會和現在一樣餓嘛。」

伏爾泰巧用幽默的話語，批評了僕人的懶惰。但如果他厲聲喝罵，命令他，就不會有這麼好的效果了。

(3) 警告式

如果對方犯的不是原則性的錯誤，或者不是正在犯錯的現場，我們就沒有必要「真槍實彈」地對其進行批評。可以用溫和的話語，只點明問題，或者是用某些事物對比、影射，做到點到為止，造成一個警告的作用。

春秋時期，秦國準備襲擊鄭國，軍隊走到魏國時，這個消息被鄭國的商人弦高知道了。弦高原打算到周圍做買賣，但他不忍自己國家蒙受損失，便打算勸秦國主將改變主意。

於是他帶了千張熟牛皮，趕了百頭牛作禮物，前去犒賞秦軍。見到秦國主將，他故作恭敬地說：「我國國君已經聽說

第六講　掌握批評的分寸感

您將行軍經過敝國,已準備好糧草招待。還特地派我來犒勞您的隨從。」

秦將一聽此話,誤以為鄭國對他們早已有所防備,心想:以逸待勞,逸者勝,今我疲勞之師,如何取勝?於是便班師回朝,放棄了攻打鄭國的計畫。

弦高「綿裡藏針」對秦國的警告收到了最佳的效果,即未動一兵一卒,保全了自己的國家。警告式的批評在這裡發揮了極大的作用。但如果對方自我意識差,依賴性強,不點不破,不明說不行,則可以用嚴肅的態度,以較尖銳的語言直接警告他。

(4) 委婉式

委婉式批評也稱間接批評。一般採用間接的方法,聲東擊西,讓被批評者有一個思考的餘地。其特點是蘊藉,不傷被批評者的自尊心。

在一次宴會上,一位肥胖出奇的夫人坐在身材瘦小的蕭伯納旁邊,帶著嬌媚的笑容問大作家:「親愛的大作家,你知道有什麼辦法能預防肥胖嗎?」蕭伯納鄭重地對她說:「我是知道一個好方法,但我不知道怎麼把這個詞翻譯給妳聽,因為『運動』這個詞對妳來說是外文呀!」

蕭伯納這種含蓄委婉,柔中帶剛的批評方式,效果極強。

軟中帶硬的表達方式

　　總之，批評的方法應以教育為主，用事實教育人，用道理開導人，用後果提醒人，從而使對方心悅誠服地接受批評。

第六講　掌握批評的分寸感

讓忠言不逆耳的策略

俗話說:「病從口入,禍從口出。」口可出「禍」,也可救命,萬萬不可小看口舌之利啊!

人常說批評是「忠言逆耳」,卻是「利於行」的。其實大多給予我們批評的人,都是真心對待我們的,希望能藉由批評幫忙改正缺點,朝著好的方向發展。

可以說,人的一生是在批評中長大、成熟起來的。當一個人還是小孩子的時候,父母、家人透過批評來告訴他們,什麼是對的,什麼又是該做的。回想一下我們的童年,誰不曾常聽到這樣的批評:「不要把手放在嘴裡,很髒」、「吃飯前怎麼不洗手」、「你太調皮了,真不聽話」,而長大一些又會聽到諸如「不要只關心自己,要關心一下別人」、「別老是遲到」等等來自老師、同學、家長的批評。幾乎沒有人能做到從不批評別人,也幾乎沒有人能從不受到別人的批評。

批評能使人更加成熟和完善,是使人成功的階梯。我們可以從批評中意識到自己的缺點、錯誤,從而修正自己的言行、思想,慢慢形成正確的處世方法和對待生活的態度。而若視批評為別人對自己的諷刺、打擊,一聽就如坐針氈、暴跳如雷,則無論如何也無法進步。

讓忠言不逆耳的策略

從前，郭國的國君出逃在外，他對為他駕車的人說：「我渴了，想喝水。」車夫把清酒獻上。又說：「我餓了，想吃東西。」車夫又送上乾肉和乾糧。

郭君問：「你怎麼準備的？」

車夫回答：「我儲存的。」

又問：「你為什麼要存這些東西？」

車夫又回答：「為您在出逃的路上充飢解渴呀！」

又問：「你知道我將要出逃嗎？」

車夫說：「是的。」

「那你為什麼不事先提醒我呢？」

車夫回答說：「因為您喜歡聽別人說奉承話，卻討厭聽人家說真話。我想規勸您，又怕自己比郭國滅亡得更早，所以我沒有勸您。」

郭君一聽變了臉色，生氣地問：「我之所以落到出逃的地步，到底是為什麼呢？」

車夫見狀，連忙轉變了話題，說：「您流落在外，是因為您太有德了。」

郭君聽後又問：「有德之人卻不被國人收留而流落在外，這是為什麼呢？」

車夫回答說：「天下沒有有德之人，只有您一個人有德，所以才出逃在外啊！」

郭君聽後喜不自禁，趴在車前橫木上笑起來，說：「哎

第六講　掌握批評的分寸感

呀，有德之人怎麼受這種苦哇？」他覺得周身勞累，就枕著車夫的腿睡著了。

車夫用乾糧墊在郭君頭下，自己悄悄地走了。後來，郭君死在田野裡，被虎狼吃掉了。

以此可看出，郭君在窮途末路之時，仍不能體會對自己忠心耿耿的車夫的一片赤誠之心，仍改不掉喜歡聽奉承話的毛病，由此可知，他的失敗就不是偶然的了。

就心理學而言，一個批評與被批評的過程是批評者與被批評者在思想、感情上的相互交流與認同的過程。人在批評過程中越是尊重、理解對方的處境，就越能夠獲得對方對自己批評意見的重視與接受。在發表批評意見時，尊重使人懂得愛護他人的自尊心，維護其面子，不出語傷人，不逞口舌之快；理解使人學會設身處地去替別人思考問題，講話不自以為是，不強加於人。而在接受批評意見中，尊重使人竭力認同別人批評意見中的有益部分，並予以積極的肯定。人們越是能夠尊重理解人，就越能夠冷靜客觀地面對別人的批評意見。從此意義上講，尊重、理解是使忠言不逆耳、聞過不動怒的轉化條件。

師經是魏國宮廷裡的一位琴師，經常彈琴給魏文侯聽。

一天，師經彈琴，魏文侯隨著樂曲跳起了舞，並且高聲說道：「我的話別人都不能違背。」

讓忠言不逆耳的策略

師經拿起琴去打魏文侯,沒有打中,卻把帽子上的穗子撞斷了。文侯問手下人說:「身為人臣卻去打他的國君,應該處以什麼樣的刑罰?」

文侯手下的人說:「應該燒死他。」於是把師經帶到堂下準備行刑。

師經說:「我想在死之前說一句話,可以嗎?」

文侯說:「可以。」

師經說:「以前堯舜作國君時,只怕他講的話沒有人反對;桀紂作國君時,只怕他講的話遭到別人的反對。我打的是桀紂,不是我的國君。」

文侯聽後,說:「放了他吧!這是我的過錯。把琴掛在城門上,把它當作我的符信;不要修補帽子上的穗子,我要用它來時時告誡我自己。」

此典故正是師經從文侯的長久統治來考慮,批評文侯不該學桀紂獨斷專行;而文侯也從批評中聽出這是師經對自己的忠心與關懷,所以最終才能接納逆耳忠言,免了師經的死罪。

第六講　掌握批評的分寸感

掌握批評的「點到為止」

「妙語精言，不以多為貴。」批評人，話不在多，而在精妙，所謂「言貴精當」。言語精煉，往往能一語中的，使聽者在較短的時間裡獲得較多的資訊；一語道破，使對方為之震撼，幡然醒悟。如果拖泥帶水，東扯西扯，反而使人不得要領，如霧裡看花，不知所云，甚至產生急躁情緒，也就達不到批評的目的了。

批評人宜點到為止，如此方能死海復生。

晏子是齊國一位善諫的大臣。晏子死了十七年後，齊景公有一次請眾大夫喝酒。景公射箭射到了標靶外面，滿屋子的人卻眾口一致地稱讚他。景公聽後變了臉色，並嘆了口氣，把弓丟在一旁。

這時，弦章進來了。景公說：「弦章，自從我失去晏子，到現在已經有十七年了，再沒有聽到別人對我過失的批評。而今天我箭射到了標靶外，他們竟都讚美我。」

弦章說：「這是那些大臣的不好。他們本身水準不高，所以看不到國君哪些地方不好；他們勇氣不夠，所以不敢冒犯國君的尊嚴。但是，您應該注意一點，我聽說：『國君喜歡的衣服，大臣就會拿來替他穿上；國君喜歡的食物，大臣就會

掌握批評的「點到為止」

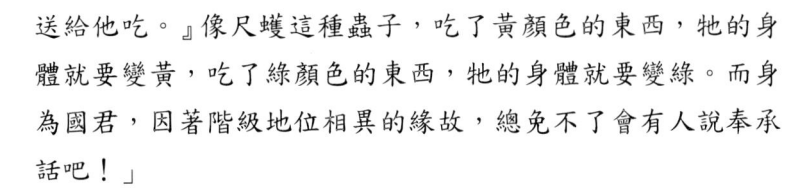

送給他吃。』像尺蠖這種蟲子,吃了黃顏色的東西,牠的身體就要變黃,吃了綠顏色的東西,牠的身體就要變綠。而身為國君,因著階級地位相異的緣故,總免不了會有人說奉承話吧!」

弦章的話在景公聽來頗有道理,明白了奉承者不過是投自己所好,如果自己對奉承話深惡痛絕的話,就很少會有人來自討苦吃了。弦章雖未直接進一步批評景公喜歡聽奉承話才造成如此局面,但景公已深刻領悟到了這一點,事實上,若是弦章再畫蛇添足地批評景公一番,效果反而不會有僅點到為止好了。

故當人們發表批評意見時,還要注意千萬別滔滔不絕地講個不停,使當事人沒有時間與機會來思考你所提出的意見。這種言語囉嗦的行為,不僅沖淡了主題,也是不尊重當事人的表現,是值得人們重視的。

在心理諮商當中,諮商師常常在講話中特意地停頓幾秒鐘,以觀察對方是否有話要說。同時,他還會不斷地運用沉默來暗示對方思考自己講過的話,並提出問題。這種手段不單給諮商者充分說話和思考的機會,還可促進諮商師與諮商者之間的相互共鳴和理解。

卡內基把說話囉嗦當作影響人們接受批評意見的因素之一。他指出:「我們每說一句話,都應顯示出這句話的價值與

第六講　掌握批評的分寸感

力量。沒有力量的話就是沒有價值的話，等於沒說一樣。不能達到說話的目的，那就是廢話，廢話意味著囉嗦。所以，批評的藝術還在於言語簡明扼要，給人豐富的聯想。反之，話說多了會造成反效果，對方會反感你，產生事與願違的結果。這就是『物極必反』的道理。」

發表批評意見，還應忌不要擴大事端，將一些不相關的事情也扯進來，使得當事人越聽越不耐煩，增加他對批評的牴觸情緒。特別是對於好面子的人，在發表批評意見時不斷擴大批評範圍，無疑是逼他不認同你的意見。

在日常生活中，夫妻之間、父母子女之間常見的問題就是嘮叨。本來是出於對彼此的愛與關心，但因其不是就事論事，而是一件事做錯了，就將以前做錯的也牽扯進來批評一番，使得對方不但無法心甘情願地接受當前的批評，還不得不為自己以前的行為進行辯護。

就心理學而言，在批評當中擴大事端，等於改變兩個人原有的認知對象及其認同條件。例如：當丈夫因一天不做家事而受到妻子指責他從來不做家事時，他會本能地加以反駁，因為其批評話題已產生了本質性變化，即雙方認同的基礎已不是談論今天這一具體事件，而是把以前所有做錯或做正確的事合在一起，難怪丈夫會感到委屈不服了。

掌握批評的「點到為止」

另外，一個過錯進行一次批評。要想引起一個已知過錯的人的注意，一次提醒就足夠了。批評兩次完全沒有必要，若多一次就成了嘮叨了。如果總把過去的錯誤翻出來並嘮嘮叨叨個沒完，對於批評者來說完全是愚蠢和無效的。

第六講　掌握批評的分寸感

如何做到「恰到好處」

話多不如話少，話少不如話好！

《說苑·正諫》記載了這樣一則故事：

春秋時期，吳王準備攻打楚國，他知道這項計畫會遭到很多大臣的反對，於是對左右的人說：「誰要是對我攻打楚國發表反對意見，我就處死他。」因此很多大臣都不敢來指出這項計畫的錯誤──攻打楚國會帶給吳國很大的危害。

而吳王宮廷的近侍少孺子為了勸諫吳王，想了一個辦法。一天，吳王早朝時發現少孺子渾身溼漉漉的，就問他是怎麼回事。少孺子說：「我帶了彈弓，在後花園閒逛，想打隻雀鳥。突然，我看見了一幕讓我不能忘懷的景象：一隻蟬在樹上淒厲地鳴叫，邊喝著露水。卻不曾發覺有一隻螳螂正在牠的下方悄悄地向上爬，想把牠當作自己的早餐。那螳螂蜷曲著身體，張著足爪，沿著濃密的枝條，一步一步地接近了蟬。可是螳螂又哪裡知道，這時有一隻黃雀藏在不遠的一根樹枝上，正要展翅飛來啄那隻螳螂！黃雀伸著脖子以為很快就可以將螳螂吃到嘴裡，但哪裡會想到我正用彈弓瞄準牠，牠也要完蛋了！這三個小東西，都是只顧前，不顧後，牠們的處境真是太危險了！……而我呢，則因為看到這麼精采的場面，時間久了，讓露水沾溼了衣服！」吳王聽了少孺子的

如何做到「恰到好處」

話，心中猛然警醒，同時也明白了少孺子的一番良苦用心，於是決定放棄攻楚的計畫。

少孺子原先就想批評吳王在國政上錯誤的計畫，但鑑於吳王的威嚴和下達的命令，不能直白地批評。於是連用三種動物，比喻其做事只圖眼前利益，不知禍害就在後面，從而使吳王醒悟，接受了他的批評。正是因為少孺子懂批評的藝術，將批評意見寓於故事中，才既保住了自己的性命，又進了忠言，可見恰到好處地運用批評之言，是能否達到批評效果的決定要素之一。

第六講　掌握批評的分寸感

以事實為依據的批評方法

對於蠻不講理的人，話再多也等於是廢話，不如開門見山，針鋒相對，讓他自己去反省。

有時候批評他人，無需迂迴曲折，繞山繞水地暗示一番，只需要用事實輕輕一點，就能夠達到效果，也不失為一個好方法。

一個病人在和醫生約定的時間準時到達，可是等了十五分鐘後醫生才到。他非常氣惱，覺得醫生這種不守信用的行為實在無禮，認為自己受到了輕視，及自尊心受到了傷害。所以他必須提出批評，否則心裡感到不平衡，於是他透過以下的方式來表達自己的意見。

他進入醫生辦公室後，先用手指了指手錶，然後冷笑了一聲說：「現在是兩點十五分。」醫生似乎沒明白他的意圖，敷衍說：「是嗎？」而這樣的回答更激怒了這位病人，但他仍然說：「現在是兩點過一刻。」儘管他內心非常憤怒，可是臉上仍保持平靜。他在克制自己，試圖用暗示讓醫生明白自己的意思。但醫生仍裝糊塗：「兩點過一刻又怎麼樣？」這下病人忍無可忍了，終於指出了醫生的錯誤：不該遲到，浪費了自己的時間，不守信用。醫生這才向他道歉。

以事實為依據的批評方法

這位病人一開始想用迂迴的暗示法將自己的批評訊息傳遞給醫生，讓醫生理解並為自己的錯誤道歉，可是醫生並不願意坦然接受。這位病人因此更加惱火，最後直截了當地將醫生遲到、耽誤病人時間的事實說出來，醫生才接受了批評。

現實生活中確實會常常遇到這種情況，有時需要直截了當地提出批評意見，「講事實，論道理」，令對方醒悟，否則就算採用委婉或迂迴的方法，對方也不能領會你的批評意見，甚至故意迴避、裝糊塗，可能還會引起對方的誤解，使雙方產生新的矛盾。

德皇威廉二世設計了一艘軍艦，自以為佳作，便請國際上著名的造船家來進行鑑定。一位造船家對皇帝的設計提出下述意見：「陛下，您設計的這艘軍艦將是一艘威力無比、堅固異常、速度超群、裝備上乘、十分美麗的軍艦。但看來它有一個缺點：那就是只要一下水，就會立即沉入海底，如同一隻鉛鑄的鴨子一樣。」

這位造船家的批評站在事實的基礎上，即軍艦雖然設計得很堅固，裝備又精良，但卻缺乏作為船最重要的特點——能夠航行。這樣的批評，一語中的，一下子就使德皇幡然醒悟，取消了實施造船的計畫，避免了損失。

● 第六講　掌握批評的分寸感

第七講　輕鬆應對面試的技巧

說到面試，相信大家並不陌生，因為在生活中找工作、升遷等等均需要面試，一次成功的面試會為你的一生帶來意想不到的轉機。既然如此，如何才會有成功的面試呢？可以說，在面試裡展現的口才技巧甚為關鍵。面試當中含有許多撇步，如何回答其中的難題，如何介紹自己，創造良好的印象等等尤為重要，一旦真正掌握面試技巧，加上你出色的能力，那麼你的面試肯定會成功，事業也會隨之飛騰。

第七講 輕鬆應對面試的技巧

面試中的應答策略

如果你曾經參加過面試的話，你應該會對文中所提技巧深有同感。

應答是面試的主要形式。高明的應答技巧能提高面試成績，獲得勝利。

(1) 有問必答

不管是什麼問題，都要做出回答，這是最基本的原則。對於面試官的問題，有些雖然刁鑽，但可能是測試你的應對技巧、反應能力，所以不管你認為這問題適當與否，總得有一個答案；如果拒絕，或者說：「這個問題很難回答……」那麼，你獲勝的機會可能就不大了。

(2) 坦率不掩飾

有些涉及專業性很強的問題，而你又確實不懂，你就坦率承認，千萬別說「我想想……」，但再怎麼想也沒有結果，會讓面試官留下不懂裝懂的印象。有時面試官出這一類的問題，純粹是想驗證一下你是否誠實，如果你坦率承認自己不懂，就正好通過了面試官對你這方面的測評。

(3)「外交辭令」

有些問題如果硬要回答會漏洞百出。比如：面試官問你「如果把這個職位交給你，你會有什麼樣的工作計畫？」如果你有很熟練的相關工作經驗和對這個單位狀況的分析，也許能說出個 ABC 來。否則，你就回答：「我只有在接手這個職位後，才能根據實際情況制定相應的工作計畫。」會讓面試官留下你不空談，比較注重實際的穩重型人才的印象。

(4)側面回答

有些問題正面回答等於在否定自己，因此要設法將可能否定自己的話，轉化成肯定自己的話。例如：面試官問你是否曾在食品廠工作過，然而你卻只在酒廠工作過。如果你據實回答這個問題，答案只能是「沒有」。你可以這樣說：「沒在食品廠工作過。但我在酒廠工作多年，我認為酒廠與食品廠在某些工藝上有相似之處，而且企業管理應該是相通的。」這等於是以否定改換為肯定的回答。

(5)反戈一擊

有些問題太過刁鑽，而且實在無法回答，不妨反戈一擊，反問對方，也能造成意想不到的效果。

例如：清末民初，某主考官見一位朱姓考生知識淵博，思維敏捷，各類問題皆對答如流。主考官便突發異想，決定

第七講 輕鬆應對面試的技巧

拋開原定題目，出了一道偏題：「〈總理遺囑〉，在每次紀念週會上都要誦讀，請你回答裡頭一共有幾個字？」這下可真把朱姓考生難倒了。他暗想，主考官出此題目未免脫離常規，既然有意刁難，錄取必然無望，便不管一切，大膽反問：「主考官的尊姓大名，天天都目睹手寫，也已爛熟，請問共有幾畫？」主考官想不到應考者竟會如此反問，一時愣住。事後，主考官十分賞識朱姓考生的才能和膽識，於是親自錄取為縣長。

(6)「大題小作」

面試官有時會問一些「很大」的題目，比如問「說說你自己」，至於說「你自己」什麼，並沒有限定，但他要的答案並不是「你自己」事無鉅細的全部，因此，你必須「小」作，不要沒先篩檢過就沒頭沒腦地說起來。一般來說，「大」題目「小」作的技巧是圍繞在你應徵的職位來談。以「說說你自己」為例，「小」在於應徵職位相關的知識、技能、經驗方面即可，面試官如果有興趣了解你的其他情況，他會發問的。這樣的問題往往出現在面試開始時，面試官等於不出任何問題，讓你先打開話匣子，因此，你必須有意識地把話題拉到你的能力、性格、優點、學識、經驗等方面來，不能錯過這樣的好機會。

如何在面談中成功自我介紹

總之,一個原則是:讓對方了解你的優點,從而錄取你。

為了使面試官全面、具體地了解你自己,應主動、如實地向對方介紹自己的情況,即介紹與求職有關的、最主要的背景能力。與此有關的介紹要清楚,不要遺漏;與此無關的則不必介紹,以防話題失去輕重,反而沖淡了主要內容。

介紹自己的情況時,一般包括以下幾方面:

- 一般情況:如姓名、年齡、性別、戶籍地、政治傾向、健康狀況、學校或工作單位、住址等。
- 學歷及工作經歷:如國小、國中、高中、大學、自學內容;在哪些公司做過什麼工作,應按時間順序排列,中間不應有空白時間,若有一段時間既未學習也未工作,如在家待業、養病,也應有所交待,如實說明。
- 職業情況:將所從事工作的內容、時間、職務、效果、評價一一說明清楚。
- 其他情況:凡不屬以上三方面的內容而又有必要加以介紹,都可分小項介紹,如家庭成員、與本人的關係、經濟收入、住房情況等,也可專門介紹你的愛好和特長。

第七講　輕鬆應對面試的技巧

　　另外，如果對求職有什麼要求，也可作單項專門介紹。

　　為了使錄取單位更全面地了解自己，將自己的基本情況整理好，介紹出來，是一項重要的、必不可少的工作，所以不可等閒視之。

　　除了介紹自己的基本情況外，還可以適當地表現出自己的能力和才幹。

　　求職者總要想方設法地表現出自己的能力和才幹，讓面試官了解自己。然而，表現自己的能力和才幹也是一門藝術，如果一味地平鋪直敘，大講特講自己比他人如何如何好，恐怕會給人自吹自擂不謙虛的印象。所以，在說出自己的能力後，也應做些補充說明。例如當你說了「朋友都說我是個很好的管理者」之後，還要再補充說明以支持這句話。你可以舉例證明，或者簡略介紹一下你的管理方法。另外，如果有條件的話，即使不補充，也可以用事實來說明。

　　有這樣一個例子，一家公司在招募新人員時，發現一位求職者在校成績不太好，面試官便問道：「你的成績不太好，是不是不太用功？」求職者回答說：「說實在的，有的課我認為已脫離現實，就把時間全花在運動上了，所以身體特別好，還練就一身好功夫」。面試官很感興趣，讓他表演一下，求職者便脫下衣服，一口氣做了一百多個伏地挺身，讓面試官大為吃驚，立即錄取了他。

而有時稍稍抬高自己也是必要的,但也別過分了,適當地在「吹噓自己」時談到工作方面的內容即可,千萬要記住舉出具體例子來支持。比如說,當你提起「我和其他工作人員關係很好」時,別說到這裡就停了,還要舉一些具體事例加以陳述,如:「我和我的同事及下屬都有著相當融洽的關係,且也與從前的每一位上司都成了好朋友。」

此時應注意以下幾點:

- 只講富有正面形象的事例;
- 用證據來支持你的陳述;
- 陳述的內容要集中在工作所需的資歷之上;
- 簡明清晰 —— 不要超過三分鐘;
- 說完之後,可問對方是否還想知道得更多一些。

第七講　輕鬆應對面試的技巧

創造良好第一印象的方法

給出他們希望得到的東西，你就贏了。

如果你是個來應徵的求職者，不妨從面試官的角度來考慮一下你應該表現的東西。並引導對方也能從我的角度來考慮條件是否適合。

電報機的發明者摩斯，對自己的繪畫技巧非常自豪。有一次，他請一位醫生來鑑賞他的一幅表現死亡掙扎的畫。但這位朋友看了幾分鐘還是一言不發，摩斯便忍不住問道：「你覺得怎麼樣？」

醫生只能回答道：「肺炎。」

由此可見，你必須試著發覺對方的需求，然後表現出你正好具備能填補這種需求的要素。這和演員應試角色的道理一樣。

在百老匯演了第一部戲之後，凱倫渴望能爭取在《瑪德蓮娜》中扮演那個於哥倫比亞的印第安少女的角色。這是艾德·李斯特編寫的一部音樂劇。艾德是洛杉磯市立輕歌劇團的團長，她曾經和他合作演出。該劇的音樂由韋拉·羅布所作，而鮑勃·萊特和吉特·佛瑞正在替歌曲選配樂器和安排歌詞。

凱倫說：「我從紐約打電話給艾德告訴他我希望得到那個

角色。一小時後,他回了電話給我,失望地通知我萊特和佛瑞認為我的形象不合適。他們曾在百老匯看過我扮演的羅莎琳,那是個成熟的金髮女郎,他們完全想像不出我怎麼能扮演一個印第安農家女。」

「可是,艾德,我扮印第安人的造型很好啊!」

「拿出一些證明給他們,」艾德說,「寄幾張照片給我,我好拿給他們看。」

於是,凱倫打電話給哥倫比亞領事館,詢問他們的農夫該穿什麼樣的衣服,要不要穿鞋。電話另一端傳來一個男人憤怒的聲音:「小姐,我們沒有農夫,而且當然穿鞋!」

後來,一家服裝出租公司租給海倫一套熱帶服裝,顏色鮮豔,圖案繁雜,那是電影《舞力假期》用過剩下來的。海倫把皮膚染黑,戴上一頭棕黑色的假髮,梳成辮子,穿上襯衫和裙子,赤著腳,擺出姿態,準備拍形象照。

海倫的老朋友,大都會歌劇院的導演狄諾‧耶諾布利指導她拍照。他讓海倫雙腿交叉坐在露天市場的地上……拿起蘋果大嚼……肩扛水壺走向井臺……

拍攝完後,這些照片看上去簡直就像《生活》雜誌上登的作品。海倫寄了幾張給艾德,他把照片拿給他的同事看,但沒有說照片上的模特兒是誰。「你們認為這位候選人怎麼樣?」他問。同事的回答是:「完全符合要求。她是誰?」當艾德把實情告訴他們後,他們說:「請代替我們向凱倫致歉,再附上一份合約。」

第七講　輕鬆應對面試的技巧

　　凱倫成功的祕訣在於：讓萊特和佛瑞在她身上看到他們所追求的特質。當你和一位未來的雇主進行晤談時，也應該如此。

求職晤談的準備要點

「磨刀不誤砍柴工」，準備工作永遠不嫌多，千萬別打沒準備的仗。

盡可能詳盡地了解你準備應徵的那家公司的性質和背景，了解一下哪些部門的工作與你的資歷相符合。可以藉助電話、新聞報導、雜誌文章和各種書籍來尋找資料。其次，爭取熟悉一下你的面試官。他有怎樣的背景？你與他之間有什麼共同的東西？

對於自己，可以提出這些問題：

我是否已了解了這項工作的要求？

如果對方問：「你為什麼要到我們公司來工作呢？」我能否予以有力而理想的回答。能不能坦率、愉快地回答面試官的各種問題？

除了展示我的資歷和背景之外，我能否讓對方相信我具有發展的潛力？

要試著從面試官的角度來考慮問題。你所具備的專業經驗、資歷及興趣之中有哪些符合他的要求，並說明你正是他所尋求的對象？得將這些事情有條有理地做好準備。

第七講　輕鬆應對面試的技巧

　　盡可能考慮到有機率會被問到的所有問題，一一替每個問題找出滿意的答案。而這項事前準備的辦法，連總統也不能例外。舉行記者招待會前，尼克森總統的幕僚人員為他提供一份資料，上面列出了可能被問及的各種問題，還有一些資料摘要，以便於總統進行對答。總統得一直複習到把這些資料都消化為止，甚至連他進行對答的語句都要事先做好安排。而當然，你未必能擁有像總統那樣豐富的資料來源，但還是應盡你的力量，在面談前把一切準備妥當。

　　「磨刀不誤砍柴工」，準備工作永遠不嫌多，千萬別打沒準備的仗。

應對面試難題的技巧

應用機智巧妙地回答,每個人都可以根據實際情況臨場發揮。

面試時,面試官有時會針對應試者的心理,提一些較難回答的問題,其特點是:攻勢凌厲不留情面,一針見血,而且你難以拒絕回應。如:「你是不是看中我們公司待遇高?」、「原東家為什麼解僱你?」、「你的缺點是什麼?」、「原公司不論規模、聲譽、效益,還是薪資待遇都比我們強,你為何往低處走?」、「你認為你的能力能勝任這個職位嗎?」……

這些難題,一回答不好,就等於把自己逼上了絕路,即使前面有較佳的表現,可能也會沖淡許多。但回答得好,不僅能表現你的靈活機智,還可以再次提供展示才華、陳述成績的機會給自己,大大加深面試官的印象。

回答難題的原則技巧是:避其鋒芒;話鋒一轉;暗度陳倉;避重就輕。其中關鍵是:要化被動為主動,把問題轉變成能為自己操控的方向。列舉說明:

第七講　輕鬆應對面試的技巧

(1)「你是不是看中我們公司的待遇高？」

能考慮回答：「對受僱的員工來說，自然希望這份工作能為自己帶來好的效益，而好效益來自科學化的管理體制。待遇好的部門不難找，可是真正管理有方的單位並不多。」──此為「暗度陳倉」的應用，極巧妙不露痕跡地讚揚了該企業。

(2)「原東家為何解僱你？」

可以考慮回答：「不是解僱，是我辭職。因為我認為原東家任人唯親，我不想在那裡虛度光陰。」──而這就是「話鋒一轉」，進而引出別的話題。

(3)「原公司在規模、聲譽、效益、待遇方面遠勝於我們，你為何要來我們這裡？」

則可回答：「一個人的價值不僅僅展現在薪資待遇上，一個人的成功靠的不是樹大好乘涼，而是只要有用武之地，不管在什麼地方都能展現自己的價值和成功。」──此為「避其鋒芒」，未直接回答，卻表現自己的自信和抱負。

(4)「你的缺點是什麼？」

則可以考慮如此回答：「我有很多缺點，但我相信我的一些缺點不會影響自己的優點。」──這就是「避重就輕」，轉移話題。

應對不同面試官的策略

所謂具體問題具體分析,對於不同的面試官當然也須採取不同的態度與措施。

不同面試官注重的地方都不同。如果面試官是技術部門,他就可能注重專業知識和技能;而如果是人事部門,就會注重應試者的社會意識和處世能力;若是領導企劃部門,則注重合作精神、辦事能力及處理緊急事件的應變能力。在面試時要學會察言觀色,注意面試官更加注重哪一區塊,並在他感興趣的部分充分表現一下。

而假若你碰上一個囉嗦的面試官,最好是當他的忠實聽眾,洗耳恭聽,並表現出對他的講話內容極有興趣的樣子。有的應試者由於一心想著面試,一聽到這些不著邊際的話,煩躁與不安就顯現在臉上,這樣會挫傷面試官的自尊心,招致他的反感。其實只要稍安勿躁,認真傾聽他講的每句話,不時插幾個「嗯!啊!」或點頭示意,像聽故事一樣聽他說明,或許還未談及與職位有關的問題,就對你表示滿意了。

如果面試官是年輕人,切莫輕視。他會更了解應徵者的心理,因而往往比年長的面試官更難對付。他既然主持面試,就說明他有一定的地位和能耐,此時斷不能無所顧忌,

第七講　輕鬆應對面試的技巧

否則就會在不經意中暴露出許多弱點。這是一些公司招募職員時慣用的手法，所以面對年輕面試官時，更應重視自己的禮貌言行，表現出尊重對方的態度，同時還要盡量展示自己的優點，給對方留下好印象。

　　一定要注重面試官對你呈現出來的內容所流露出來的反應。若讓面試官產生共鳴，不妨多加闡述，一旦發現對方不大贊成自己的觀點，或意見有分歧，則不必堅持自己的意見或反駁對方。因一旦傷害了面試官的自尊心，就算接下來表現再好，人家也聽不進去，甚至對你產生明顯的敵意。所以最好的辦法是，要學會同意對方的觀點，引用他的某些結論並闡述自己的意見，這樣就能更容易獲得對方的認同，因為你滿足了對方的自尊心。如果對方的觀點實在是有違常理，也不必反駁，置之不理即可。因為面試不是辯論會，若對方講的有些道理不是什麼原則問題，不妨表示贊成，點頭示意；如若不能苟同，敷衍過去就行了。

第八講　日常幽默的妙用

說話當中,能讓人開懷大笑的是幽默;社會交往中,能化腐朽為神奇的也是幽默。幽默的話語、幽默的技巧會讓你的人生燦爛無比!

第八講　日常幽默的妙用

巧用幽默解字詞的奧祕

「字詞拆合幽默術」的運用，是對一個人應變能力、文化水準等綜合因素的一種考驗，因而具有較高的難度。羅馬不是一天造成的，只要我們能不斷地從生活和書籍的海洋裡汲取知識，就一定會在看似平淡無奇的一字一詞中發掘出幽默的智慧！

「字詞拆合幽默術」是語言幽默的一種，它從語言的組合和結構特點入手，以個別字、詞的拆離或組合為手段造成歧義，從而構成幽默的效果。

一位朋友對我講起過丈夫與她之間的一次鬥嘴。她對我說：「他有很多優點，但有一個特別大的壞毛病，那就是懶。讓他做點事的時候，他總是滿臉痛苦的樣子。」

有一天，我實在對此忍無可忍了，於是開始質問他：「你到底是懶，還是有毛病？如果是懶，從今天起必須分擔一部分家務；如果有病，我乾脆侍候你一輩子算了！」

丈夫聽後，笑嘻嘻地回答了兩個字：「懶病。」

以上的例子是丈夫不願做家務，引得賢內助滿腹牢騷，終於決心給他一次「最後抉擇」的考驗。看上去兩人之間劍拔弩張，非大鬧一場不可了，但丈夫卻靈機一動，幽她一默，

巧妙地化解了一場口舌之爭。

丈夫斷章取義，從妻子所提出的前後兩條「建議」中抽出了兩個字：「懶」和「病」，就使其意義與原來截然不同了。

按常規處理辦法，面對妻子兩者得選其一的要求，許多人為了挽回「一家之長」的「面子」，一定要跟妻子爭個對錯輸贏來。但這是一種最不可取的做法，常言說得好：「家不是講理的地方」，的確，在家庭中應該講愛，講夫妻之間的體貼和關心。一些稍微明智的人會立即察言觀色，做出妥協，以換得夫妻感情上的融洽。

但最上策則莫過於上面提到的那位丈夫了，「懶病」二字道出一種令人無可奈何的狡黠，讓火冒三丈的妻子一下子火氣全無了，這樣不是更進一步增強了夫妻之間的友好和默契嗎？

第八講　日常幽默的妙用

拉近距離的幽默開場白

「借題開場幽默術」的關鍵在於找準話題後,展開想像的翅膀,敢於利用諧音、修辭等各種手法,往荒唐、虛幻的地方連結。千萬別死心眼,傻乎乎,越是勇於「調皮搗蛋」,越是善於「胡說八道」,越是惹人喜愛。

「借題開場幽默術」是藉助自己前面說話的人的某句話、或周圍的某個事物作為話題,透過超常的發揮,從而開啟話題的一種幽默技巧,俗話說:「萬事開頭難」,說話自然也不例外。

1990年,臺灣影視藝術家凌峰參加中國春節聯歡晚會。當時,許多觀眾對他還很陌生,可是他說完那妙不可言的開場白後,一下子就被觀眾認同並受到了熱烈歡迎。他說:「在下凌峰,我和文章不同。雖然我們都獲得過『金鐘獎』和最佳男歌星稱號,但我以長相難看而出名⋯⋯一般來說,女觀眾對我的印象不太好,她們認為我是人比黃花瘦,臉比煤炭黑。」這一番話戲而不謔,妙趣橫生,令觀眾捧腹大笑。這段開場白給人們留下了非常坦誠、風趣、幽默的良好印象。不久,在「金話筒」之夜文藝晚會上,又見他滿臉含笑地對觀眾說:「很高興見到你們,很不幸又見到了我。」觀眾報以熱烈掌聲,至此,凌峰的名字傳遍中國各地。

拉近距離的幽默開場白

凌峰使觀眾由陌生到熟悉，由熟悉到喜歡，很大程度上要歸功於他那幽默的開場白，藉助自己的長相，不惜自嘲，但又自嘲得很有分寸，很有水準。自抑而不自賤，明貶而實為暗揚。也許有的朋友會說，人家凌峰是名人，我們學不了。其實不是那回事，畢竟在他前後兩次巧妙的開場白之前，我們曾聽聞過他嗎？顯而易見，不曾。但是，我們有自己的生活經歷，生活裡也到處有隨手拈來的素材。如若一時沒有想法，名人傳記上這方面的例子也特別多，歷史上總不乏用妙語如珠來形容能自如運用幽默技巧的人。讀者不妨找些例子來揣摩揣摩。

● 第八講　日常幽默的妙用

逆序漸進的語言幽默技巧

有一個現象大家需要特別注意：幽默的男子一般都不愁找不到老婆，你信嗎？

—— 不信也得信。

在前段對幽默技巧的分析當中，我曾指出過人類的思維與現實的不一致性。也就是說，有些事情儘管在現實生活中絕無發生的可能，但在邏輯的推理上卻是很容易做到的。如果忽視了現實與思維的這種區別，雖然可能鬧出笑話，但也離幽默的王國更近一步了。

「逆序推理幽默術」就是指置現實中的事實於不顧，單從邏輯思維本身入手，逆序推進以得出結論來否定現實的幽默技巧。

這種幽默術的目的是在於透過「謬論」與現實本身之間的對比來營造幽默氣氛，自圓其說，擺脫困境。

某地方每年一度的徵兵工作正在緊鑼密鼓地進行著。一位五十多歲的老人也想去碰碰運氣，便來到新兵報名處。

「您的年齡？……」工作人員對他的意圖大惑不解。

「我五十二歲了。」老人輕快地回答。

「可是，按照徵兵的相關規定，您已經超過合適的年齡了。」工作人員解釋道。

「嗯！我當然知道，可是你們難道不需要軍官嗎？」老人反問道。

老人的行為本身是不合情理的，但是他卻善於見縫插針、「沒理找理」。他那種無理的要求是建立在這樣一種逆向推理的基礎之上：年輕人是被徵去當普通士兵的，但軍官一般來說都會由年齡比較大的人來充當，而我自己年紀挺大，所以有權報名參加。

事實上老人的推理不嚴密，得出的結論也是錯誤的，但他的幽默之處正在於他試圖以似是而非的「道理」去駁斥現實中的常理，以虛駁實，所以不禁令人發笑。

一個人參加完公司晚會錯過了末班公車，只好攔了一輛計程車回家。

二十分鐘後，計程車把他平安送到了他所住的那條巷子裡。

當他很滿意地對司機的服務表示感謝並準備付錢時，這才發現了一個問題：跳表器上打出了四百元的數目，但自己身上卻只剩下零零散散的幾塊銅板了！

「朋友，有個問題需要您來回答。」那人不無風趣地對司機說。「我犯了個小小的錯誤……或者勞駕您把我還送回原

第八講　日常幽默的妙用

先的地方；或者您花點時間，等我上樓將錢取下來給您 ── 兩種辦法你更喜歡哪一種呢？」

那位司機當時笑得半天沒喘過氣來……

遇到這種尷尬情況時，處理不當真叫人大傷面子，進退兩難。與其直來直去地道出事情原委，還不如那樣靈活處理，隱晦訴說。生活不應總是平淡無奇的，讓生活變得生動、充滿歡笑，這就是幽默藝術的生命力和主旨所在。

掌握逆序推理幽默的核心在於：一是順勢逆推，得出顯而易見的謬論；二是利用謬論與現實兩者之間一虛一實的強烈反差來產生幽默效果，引人發笑，自我解圍。

正話反說中的幽默藝術

提醒人們煞車卻反說成不必煞車,這則反話絕無諷刺嘲弄的意思,只是給人一個別具一格的警告。

與朋友久違地見面了,卻發現他變胖了不少。你可以這樣調侃:「你還真是越來越壯了!」這帶點戲謔性的幽默似乎不太難。但如果換成「正話反說」:「啊!你怎麼越來越苗條了!」幽默的表達必讓你的朋友噴怪地笑出來。

從字面上講,這些似乎都荒誕不經,但從話裡的深意來理解,它傳達出另一層意思,雖不明言,卻了然於心。兩者一對照,反差強烈,諧趣就產生了。

還有一種是「反話正說」,表面是肯定,實際是否定,形褒實貶,形成大起大落的語言變化,透示出詼諧之樂趣。

這些方法被廣泛運用於相聲、小品之中。中國有一篇名為〈擠車的訣竅〉的諷刺小品,便是一本正經地說著反話。

讀者們,你可知北京乘車之難?……上下班乘車都成了一門學問。

先說上車,車來時,上車為「搶位」——猶如球場上的「搶點」。得精確計算位置,讓車門正好停在身邊,以先據渡

第八講　日常幽默的妙用

口之利。當然，你也必須牢牢穩住！此個中訣竅是：上身傾向來車方向，穩住下身，千萬別被隨車來的人流沖走；中策則貼邊；外行下策才是正對車門，被下車人潮弄得推來晃去，既上不了車，又枉費心力。

而其他不同省份的人又不同於北京人，哈爾濱人上車是「能者為王」；上海人多少會顧及顏面，但動輒大呼小叫，使你無心戀戰。而北京人又想講點風格又想早點上車，但絕不會在車門前上車。最好的辦法是貼住車廂，裝出一副泰然自若的樣子，一點一點地把「無根基」者拱開。只要一抓住車門，你就贏了。老北京都精於此道，所以售票員洗車，從來毋須擦車門兩邊——因為那全是老北京的功勞。而下策呢，可稱為「搭掛」，將足嵌入車門（萬勿先進腦袋），而後緊靠車門，往裡「鼓擁」，只要司機關不上車門，他就得讓你上車。

這裡「反話正說」，表面是教人不守秩序，實際上是諷刺不守秩序之士。由於這些以肯定語氣講的話明顯是荒謬的，因而才有令人發笑的效果。

生活中，很多人善用此法諷刺醜惡，鞭撻罪行。如劇作家宗福先的《於無聲處》中的一個角色在評價他不以為然的人物時說：「我告訴您了，根據報紙上官方介紹，他是天底下頭等大好人，渾身上下毫無缺點，連肚臍眼也沒有。」

反話一般運用於輕鬆活潑的場景，但在美國，人們也可

正話反說中的幽默藝術

以在那些嚴肅認真的交通指示牌上發現反話。如在美國西海岸一條公路的急轉彎處有一幅標語牌是這樣寫的:

「如果您的汽車會游泳的話,請照直開,不必煞車。」

第八講　日常幽默的妙用

同音異義詞的巧妙運用

由「親戚」變「親妻」，不學無術之人要引以為戒啊！

巧用「同音異義詞」，充滿調笑又富含隱喻，可發人雅興，令人捧腹大笑。這是一種典型的戲弄、調笑言辭。

清代智辯家紀曉嵐與和珅當時分別在朝廷擔任侍郎及尚書。有次兩人同席，和珅見一狗在桌下啃骨頭，便問紀曉嵐：「是狼（侍郎）是狗？」

紀曉嵐馬上回答：「垂尾是狼，上豎（尚書）是狗。」

說實在的，兩人都在罵人，但都含而不露，謔而有度。特別是紀曉嵐，急中生智，巧用諧音，以眼還眼，以牙還牙，令人稱快。

而無獨有偶，在狗啃骨頭上做文章的蘇東坡也有一絕。

這天，蘇東坡與友人佛印大師在承天寺旁乘船遊赤壁。見一狗在河灘上啃骨頭，蘇軾馬上靈機一動，說：

「狗啃河上（和尚）骨。」

佛印一聽，覺得話中有話，便馬上拿出一把提有東坡居士詩詞的扇子，扔到河裡，回敬一句：

「水流東坡詩（屍）。」

同音異義詞的巧妙運用

兩人聽罷都哈哈大笑。因為，表面聽來，是吟詩寫實，頌揚風雅，實際是相互戲弄，互相取笑。

生活中，有很多場合因為同音詞，或是聽不明白所造就的語句理解錯誤，在無意中套上了另外一個同音異義詞，才由此引出了笑話。

但同時，也可透過諧音構成對比產生幽默。

清代末年，李鴻章有個遠房親戚，不學無術卻參加科舉考試，試卷到手，不能成文。焦急之餘，想在試卷上寫上「我是當朝中堂大人李鴻章之親戚。」然他因不會寫「戚」字，竟寫成「我是李中堂之親妻。」主考官閱後，批道：「所以我不敢取（娶）。」

主考官將錄取考生的「取」，連結到同音嫁娶的「娶」，便把兩件看似風馬牛不相及的事扯到一起了，產生荒謬又富有趣味的效果。而也正是這諧音的有趣之處，讓人感到妙不可言。

● 第八講　日常幽默的妙用

第九講　電話溝通的技巧與策略

「昨日稀有珍貴物，落入平常百姓家」，這是對當今電話的真實寫照。談判、問好、請求⋯⋯得透過電話溝通的時刻實在是太多。掌握一些正確的電話用語已成當務之急！

第九講　電話溝通的技巧與策略

如何透過聲音識別對方

未見其人，先聞其聲，或許看不見的才是最美麗的……

有時通話時沒事先確認接聽者是誰，就只是把對方當成平時交易的負責人，容易鬧出誤會。因如果正巧是主管巡視接到電話，便可能會被弄得莫名其妙──雖然這種情況發生的機率不是很高，但由於看不到對方，就必須特別小心。

因看不到臉孔，所以不知道表情，微弱緩慢的聲音便可能被解讀成厭惡的語調。所以打電話的時候，要盡量用活潑生動的語氣。

又一例子，以電話訂貨的時候，雖然對方語氣上好像有禮微笑的愉快地承諾下來，但事實上，說不定他正牙疼得整個臉的表情就像苦瓜一樣呢！所以還是要從小細節上審慎地分辨對方的情緒。

另外，還必須特別注意類音字、同音字。

例如：獸醫－壽衣、毒藥－獨要、許先生－徐先生……

由於看不見，有時必須對容易聽錯的字加以解釋，或換另一種講法。

「明日一時，王先生來訪」應盡可能說成「明天下午一時，王先生來拜訪」。

控制說話音量的藝術

當電話裡的一聲「喂」傳來，不同的聲量，便令人有不同的感受。千萬別莽撞的「喂、喂、喂……」，使聽者反感，後自食其果，自「喂」自滅。

想像你手裡的電話是一隻耳朵，而不是大鼓，只需用適當的音量對它說話就可以了，畢竟不是面對整個劇場做演講。

第一次世界大戰結束後有段時間，美國流行一則有趣的小故事「格漢打電話」：

故事裡，格漢正在用一臺很差勁的電話機講話，他試圖向房東說明房子被暴風雨損壞的程度。「不對！不對！」他拚命吼叫道，「我沒有說讓你閉嘴！我說的是風把百葉窗給吹跑了！」

在那個年代，他確實有理由大聲咆哮。且從今天的標準看，當時的電話設備也不是那麼完善。而現在，農莊裡的妻子再也不需要搶著用公共電話聊天了。也只有在洲際電話中才能偶爾聽到電波雜音的干擾。今天，若是你需要打電話到美國各個角落或者加拿大，就像到隔壁鄰居家敲門一樣簡單易行。電話中的電波以及兩端的接收裝置會替你處理好一切事情，就再也不需要提高音量大喊了。

第九講　電話溝通的技巧與策略

◆ 保持活力

即使在最為心平氣和的電話交談裡,也必須以正確的呼吸方式來維持聲音的飽滿度,可以採用看看伊萊莎在 25.4 公分之外的地方,練習吹熄希金斯教授的蠟燭時所用的那種呼吸方法(《賣花女》)。同時還必須記住:得一直保持活力與熱情,否則,聲音就會顯得十分疲倦、頹喪與消極。

而如果你打電話時聲音變得愈來愈高,可以採用「鉛筆法」。手握一枝鉛筆,舉到距離你約 25.4 公分的地方,然後對著它說話。如果感到你的聲音在這個距離內顯得過高,就把鉛筆放在低於電話聽筒,或與茶几同高的位置,並提醒自己降低音調,運用共鳴。

◆ 保持生動與注意力

某些鳥類在牠們對異性產生興趣時,會改變身體顏色來傳達愛意,螢火蟲則是用閃動的螢光來表示牠求偶時刻的到來。而你是否想過你在電話中說的「喂」傳遞了什麼樣的訊息?它很可能包涵了你無意識下醞釀的情緒:或許是隨意而鬆弛的,說明你正閒著;也可能是友好而活潑的。或者表面上說:「我很忙,不得不立刻掛掉電話。」聽起來算是禮貌的口吻,且有足夠的藉口,但可能真實的態度是莽撞而無禮的。

控制說話音量的藝術

所以要讓這聲「喂」真正傳遞出你所希望傳遞的意思，便得在電話中特別注意你的聲調和感情。因為有些人在說這個字時，顯得十分傲慢、冷淡，甚至帶有敵意，這便是沒有注意語調的後果，但其實他們自己並不知道會這樣。

第九講　電話溝通的技巧與策略

電話中的情感表達技巧

既然電話可以傳神，應該也可傳情，以情動人人皆喜，以神驚人人皆驚！

儘管電話線另一端的人實際上看不見你，但你的聲音卻能為他描繪出你的形象。如果你愁眉苦臉，電話中的聲音也不可能溫暖熱情；同樣，如果你說話時面帶微笑，那麼電波就會把微笑傳遞過去。

電話這種傳遞身體表情的能力相當驚人。你在電話中的聲音能夠清楚地告訴對方：你的嘴角是在向上翹，還是向下撇。你越是態度友好，你的聲音聽起來就越親切。而友好的態度，無論在社交界還是在商業場合中，都是有效的交流工具。可以考慮將鏡子放在電話旁，一面打電話一面觀察自己的表情。

過去，美國的電話電報公司總是建議人們用「微笑的聲音」。但奇怪的是，這樣的聲音在現代似乎越來越難以聽到了，以致當我們聽到這樣的聲音時更感到彌足珍貴。現在反而更常聽到的是一種「咆哮的聲音」。試想，當你在旅館中一覺醒來，拿起電話叫早餐時，回答你的是一個洋溢著笑意的聲音，該是多麼愉快！你發現對方把為你拉開窗簾、召喚陽

電話中的情感表達技巧

光當作自己的職責,而且似乎十分關心你雞蛋要煎熟一點,還是嫩一點。就算只是小細節處,但這些問候當然會讓你感到心曠神怡!

無論是在私人談話還是商業會談中,電話都會傳達你的形象——可能是令人愉快的、也可能是招人反感的。因此,你應隨時保持聲音的活力、熱情和真摯。

打電話和你在董事會報告一樣,姿勢也會影響聲音的清晰、音量和活力。講電話時不要縮在椅子裡。如果身體下陷佝僂,聲音也會跟著下沉。而坐直身體,會使你的肺部呼吸跟著緊繃起來。

而有時進行漫無目的卻又必要的電話交談是有益的,至少對女人來說是如此。它可以代替你親自去慰問病中的朋友,可以幫助他或她消磨寂寞的時光。但是,電話交談在一般情況來說,通常都應該是簡單明瞭的。要自覺限制你的通話時間,甚至也要限制對方的時間。想像那是需要花錢的,事實上,那的確需要花錢。

某美國官員有一次在白宮與富蘭克林‧羅斯福總統在一起時,恰好遇到邱吉爾從英國打來一通電話。過一會兒,雷諾驚奇地聽到總統說:「好了,溫斯頓,你的三分鐘時間到了。掛了吧,否則你要付超時的費用了。」1969 年,尼克森總統和月球上的太空人講了一通具有跨時代性的電話之後說

第九講　電話溝通的技巧與策略

道：「這筆電話費肯定很可觀，我希望是由對方來付錢。」

各位不妨假設自己是在公共電話亭裡打電話，而不是在自己家裡，並且設想自己剛好已經將最後一枚硬幣投進了電話機裡。採用這種辦法，就能限制自己沒完沒了的說話。

然身為接電話的一方，態度當然要親切有禮。但這並不意味著你只能做電話閒聊者的犧牲品。

如果接到某通電話，對方已閒聊持續了好一段時間，而你正要做一些需要集中精力的事情──如正要煮飯炒菜，或者寫一篇文章，接待一位客戶──那你大可直言不諱地告訴對方你目前沒時間閒聊。「瑪麗，等會兒忙完了再打電話給妳，現在我實在脫不開身」或「我忙得不得了，要不我明天早上九點到十點之間再回電話給妳，好不好？」

若你是打電話的人，請記住你正在占用對方的時間，因此如果你的目的只是為了隨便聊聊，就應該立即告訴對方這一點。

如何在電話中介紹自己

　　自以為是的人最惹人厭──你以為你是誰？所以，做任何事之前先謙虛一下是最保險的，除非你們之間是鐵打的關係。

　　在電話中應先介紹自己，說：「我是×××」或「你好！我是×××。」而如果接電話的不是你要找的人，則可以這樣說：「我叫×××，可以請王先生接電話嗎？」

　　而對於下面這樣的開場白，你是否一樣感到不願回答。──「你今天晚上打算幹嘛？」或許你恰好沒事，正等待他來邀請；但也可能你希望今晚不受打擾，或是想做些什麼事情，但不是和他一起做。所以，在你打聽對方的計畫之前，應先把自己的意圖直接說出來。「你能不能和我們一起吃頓飯？有位日本客人也要來，我想你可能會感興趣。」請給對方一個接受、拒絕的藉口，或跟丈夫、妻子商量的機會，同時要讓對方確切了解你的計畫。

第九講　電話溝通的技巧與策略

傾聽與回應的電話禮儀

如果你不是一個一直處於忙碌狀態下的人，相信你不會拒絕傾聽，更何況善於傾聽還有許多你意想不到的好處。

羅傑斯一向以尖刻狡黠聞名，他的朋友奈奈則能說會道卻不善於傾聽。當有人把奈奈即將失聰的消息告訴羅傑斯時，他說：「這全怪他的耳朵缺乏練習和使用。」

許多人打電話時不注意傾聽，有時簡直是故意裝聾。而在面對面的談話中，儘管有身體動作和手勢的幫助，要確切了解對方的意思也不是那麼容易；在電話交談裡要做到這一點就更難，因此你只能依靠傾聽。

所以，絕不可滿足於一知半解，手邊要常備筆和本子，隨時可以記下要點。（這在商業性電話中尤其必要。）聽的時候，不僅是聽他說，而且還要聽他是怎樣說的，他的聲調是否意味著什麼其他的意思？

二次世界大戰時，英國法西斯主義者威廉·喬伊斯在柏林對外廣播，他說的話需要經過官方審查詞彙，但他聲音中所包含的警告意味卻是刪不掉的。

所以專注地傾聽對方，能使你對對方的外觀和情緒有準確、細緻的了解。

用電話進行有效請求的方法

　　總之，光用電話請求就能萬無一失，這種事大概僅限於打聲招呼即可的那種要求吧！鄭重承諾過的事項得再用書面加以確認，才可以防止日後人家說「沒聽說過有這種事！真麻煩。」

　　因電話中你看不到對方的臉，所以有所請求時，總是較容易被拒絕。所以，重要的請求不要只依賴電話。電話裡大多只是隨便的寒暄，至於細節，則留待日後見面再詳談。

　　且注意不要讓人覺得那只是一廂情願，要進一步讓人感到談話的親切，簡短詳盡地說出相託之事，這樣人家才更願意相助。也可以稍微寒暄表示感謝平素照顧之情，接著提及有用的情報為相關的會談、請求之事做概要或暗示，再根據他的回答，商定面談的時間。

　　而有些時候，接到電話後的被請求方，他雖然有心想立即處理，但沒想到重要的電話一個接一個進來，或許不經意間就忘得一乾二淨，這種情況是相當多的。儘管他並沒有惡意，但是，電話裡的請求也就被拋到九霄雲外了。所以要在面談的日子接近時，再致電確認一次。

第九講　電話溝通的技巧與策略

電話表達感謝的技巧

　　只要打個電話就能給人家留下好印象，還可省去日後再請人家相助時費許多口舌，何樂而不為呢？

　　收到郵寄的文件、收受禮物、受人照顧、久別重逢……等等，需要回電以傳達謝詞的時刻，在日常生活中實在非常多。

　　「匆忙間，暫且用電話道個謝吧！等之後見面了再鄭重道謝。」電話上的道謝，很多都是存在這種心理。

　　當然，有些場合只要在電話裡以寥寥數句就可了事，也就不必太過鄭重。畢竟大家都很忙，很多時候如同做生意一般，只用電話洽談確認的例子日增。

　　如果對方地位顯赫、輩分很高或有功同再造的恩惠，只用電話表達感激覺得太草率時，可以在打過電話之後，再以書函、禮物道謝。所以，如有無法在口語上明確傳達到本人道謝之意時，再用書信補充一下就放心多了。

七秒鐘電話戰術的運用

學習讓自己在電話訪談的時候，以誠心的問候開場，便有較大的機率為聽者接受。只要按部就班，放輕鬆，保持良好的態度，在你意識到這點之前，就已經開始一段很棒的對談了。

然於開始的七秒鐘，若無法切入對方需求，電話總會被草草的結束掉。而以下將教導你如何應用能被他人了解與接受的電話技巧。

(1)「觀望靜候」是客戶遇到不想回應的電話時的應付方式

「觀望靜候」是客戶遇到不想回應的電話時，會採取的主要方式之一。所以確定名單之後再排列計畫，你就會有正確的方法了。

首先，讓我們來聽聽你「潛在」客戶的說話方式：「我沒興趣。」

沒錯，這句話聽起來就像在拒絕，但是他背後傳達的意涵是什麼呢？

我經常留意客戶的拒絕方式。如果我的潛在客戶「一開始」就說了：「我沒興趣。」這雖然已明確地表明了拒絕之意，

第九講　電話溝通的技巧與策略

但他或許只是不了解我和我的公司而一口回絕,如能快速簡要的再加以說明,使他能有進一步的認識與開發需求,那麼,我想大多數客戶都能再有更多的好奇與耐心來聆聽我的產品與服務。

(2) 整理電話名單

幸好到目前為止,尚未發生因為我說得太多太快,致使潛在客戶想草草結束談話的情況。

而在前期的準備工作,可以先把電話名單做一次整理,並草擬一些對公司概況介紹有所助益的電話對白。你必須習慣自在地與潛在客戶談話。而客戶在前七秒裡,當他聽到陌生人在電話中簡略地自我介紹後,於介紹結束時,便會有以下的疑問;

- 這個人是誰?
- 他為什麼打電話給我?
- 他想做什麼?
- 還會繼續談多久?

以下你會了解到電話前七秒的對談要領:

①不要一開頭便說:「你好嗎?」因為這樣只會令人感到不舒服。在接到陌生電話的當下,聽者需要的是正確的方向

和實質的幫助。雖然在一般的對談中問「你好嗎」是適當的，但在陌生電話的對談裡卻不具任何意義。

不要變成失禮的訪問者。這只會使潛在客戶立刻防備你，甚至可能會帶來爭執，如此一來勢必會動搖在前七秒鐘所奠下的基礎。

與其說「我想我可以……」，不如試著說「也許我可以幫你……」；與其說「假如我在這個月內幫你儲蓄一萬元，那麼你有興趣嗎？」，不如試著說「我應該可以替你儲蓄一大筆錢──這是我打電話給你的主要原因」。我確信這是軟性銷售和強迫推銷的不同點。

切記，通電話的第一要點是建立信任感和良好關係。

②不要唱獨角戲。在前七秒的談話裡，潛在客戶不可能聽進你所說的每一個字。所以得用明確的陳述開場，好讓潛在客戶有興趣了解更多。你應該說：「你我各有特色，或許我們可以一起工作……」好讓他對你產生同感。以下是一段對話的舉例：

「我是○○，這幾年拜讀您的雜誌使我受益不少，我知道您是談及××一事的作者，對××事也許我能幫得上忙，不知是否有機會能和您一起討論，現在方便嗎？」

● 第九講　電話溝通的技巧與策略

第十講　即興發言的制勝法寶

說話是一門藝術，即興說話更是一門高超的語言表達藝術。古今中外，很多卓越的口才大師往往是胸藏百匯，舌吐風雷，振臂高呼，應者雲集，挽狂瀾於既倒，助巨浪而前行，他們的即興說話往往具有神奇的感染力、鼓動性和說服力。

第十講　即興發言的制勝法寶

如何做到臨場不亂的即興發揮

即興表達絕不是什麼雕蟲小技，它是一個人文化素養的一個亮點。正所謂「張口說話，略知胸壑」。切忌忽視即興表達的訓練。

蘇聯一位著名電影導演在聽完瓦西里‧庫茲涅佐夫一篇出色的即興演講後，驚嘆道：「我不明白，我簡直感到驚訝不已。一整天我沒有離開您一步。我覺得這有些不可理解，要知道，您做這篇報告之前並沒有做過任何準備啊？」瓦西里十分嚴肅地回答道：「我一生都在為這篇報告做準備。」而這完全是實話。

即興演講，看起來是臨場發揮，但實際上，講話的人之所以能夠臨場發揮出來，完全是仰賴平時累積的知識。

即興演講往往是檢驗一個人知識程度和水準涵養的標尺。累積的知識如同淵潭之積水，蓄之愈深，則流之愈長。沒有深厚的累積和素養，沒有長期的實踐和磨礪，就不可能做出高水準的即興演講。

《演講，多一些即興》一書中說道：「即興的演講，也是文化的展示、美的底蘊的顯現。這是演講者平日裡長年累月

如何做到臨場不亂的即興發揮

的蘊蓄所致,而不是一時匆匆忙忙的拼湊所能達到。只有充滿深厚的文化內涵和美學底蘊的演講,給予聽眾的才能是藝術的陶冶和美的享受,亦才能吸引人。」

知識要一點一滴的累積。累積知識,最主要是靠勤奮讀書。好的書本是前人的知識概括,是科學的總結,是智慧的源泉。只有多讀書,才能不斷擴大知識面,才能講起話來思路通暢,話如泉湧。美國前總統尼克森說過:「所有我認識的偉大的領導人,幾乎都有一個共同的特徵,那就是他們都是偉大的讀書者。」在現代社會中,這種「共同的特徵」絕非偶然現象。因為,不能成為「偉大的讀書者」,也就成不了用古今知識凝鍊而成的偉人。

當然,要累積知識,除了讀書之外,還有其他途徑。俗話說:「處處留心皆學問。」說的就是學習途徑的廣闊。

除此之外,要做好即興演講,還需要全面提高自身素養,用正確的立場、觀點、方法,觀察和分析問題。這是不可忽視的。

第十講　即興發言的制勝法寶

抓準即興演講題目的訣竅

　　一篇即興演講，就如同一串珠鍊。而講話的具體內容就似一粒一粒的珠子，貫穿全文內容的軸心思想則是一根繩子。用繩子把珠子穿起來才能形成一串完整的珠鍊，亦即用軸心思想把具體內容統整起來才能形成一場完整的演講。

　　即興演講的題目，即欲傳達的中心思想。

　　即興演說的題目大多只單一個，一般就是講者敘述其中心意思。在話題上，要注意三點：

◆ 第一，即興演講必須有一個中心思想，
　　常理上也只能有一個中心思想

　　即興演講必須先構擬好整場演說的中心理念。因為一旦沒有中心，講起話來就會東拉西扯，無頭無尾，使人聽不明白所講的是什麼意思。這樣的演講，實際上是思維紊亂的表現，是思路沒有理順，連自己都沒有想好要表達什麼，講出來也沒有意義，不如不講。

　　而即興演講，也受篇幅、時間限制，除在特殊情況下需要簡略地講兩個以上的話題之外，一般不應當有兩個或者多個中心思想，那樣等於沒有中心，既想講這個，又想講那

個,結果就會什麼也講不透澈,什麼也講不明白。

美國前總統雷根演講稿的撰寫人佩姬‧努南在〈演講出色其實不難〉一文中談到:「一般人總是一心多用,腦子裡有多種的意見、想法或觀點。但演講時須設法讓聽眾心無旁騖,故應只討論一個主題,例如慈善互助會的前途,或者家長教師聯誼會為什麼要增加預算。只針對能解釋並支持你見解的觀點,加以引申,不要談不重要或多餘的細節。而假如你自己是個探礦者,正帶著一匹馬在山區裡踏勘,如果你讓馬只馱少量的工具,你就可以多勘察許多地方,甚至找到金礦。相反,你把太多東西放在馬背上,很快就把牠壓垮,到頭來便一無所獲。」這是他的經驗之談。

◆ 第二,即興演講要找準話題

即表示,要根據當下的場合,自己的身分和位置、講話的目的,選擇恰當的題目。所謂恰當的題目,就是與演講的場合相吻合的題目,而不是自顧自的說起與演講的場合不沾邊甚至大相逕庭的內容。否則這場演講反而會帶來與自己的身分、所處位置有不對稱嫌疑的負面效果。

舉例如:一位老師的女兒正要過十八歲的生日,女兒的同學為其開了慶生會。此位老師應邀出席,於席間演講,他說道:「同學們,感謝大家的盛情邀請,我為你們同學之間的真摯情誼而感動。剛才,我聽到幾位同學代表全班贈送給

● 第十講　即興發言的制勝法寶

我女兒的熱情美好的祝願,其中一句很有詩意,我一下子就記住它了,『妳很美麗,因為妳年輕。』這樣美的句子,是只有你們這樣充滿詩情的青年人才有的感慨。現在,我為它加兩個字,並略加延伸,贈給在座的每一位同學:妳很美麗,不僅因為妳年輕;尤其因為妳的執著和熱情。熱情將使妳青春永駐;執著會助你事業有成。因此,當妳走過青年之後,妳也依然美麗,並且會更加光彩照人!祝福你們大家!謝謝!」這位老師的演講題目與場合及氣氛相吻合,也與自己身分相稱,對在座的青年學生更是富有教育意義,這便是一恰當演講的正面例子。

◆ 第三,即興演講要圍繞軸心思想展開,不轉移話題

就是說,選定了題目之後,通篇演講都要圍繞這一個話題講下去,不要在說話過程中跑題或者突然轉換題目。因有些人講話、發言離題,往往是無意識的,故更應當明白演講不能離題的基本常識,增強緊抓軸心思想的意識。

掌握即興演講中的「四個效應」

即興演講的經典指南，力求讓你早日步入侃侃而談、滔滔不絕、口若懸河的佳境。

從照稿唸臺詞到即興發揮的效果比較來看，即興演講有這樣幾個好的效應：

(1) 人格魅力效應

即興說話是評價口語表達能力的一個重要的標尺。在作即興演講時，關鍵是要說真話，動真情，又要言之有物。「萬丈高樓平地起」，要想練就高超的講話藝術，增強人格力量，塑造良好的形象，一方面要扎實學習，刻苦訓練，廣覽詩書，增強文化底蘊和素養；另一方面，在每一次公開發表談話前，要針對聽眾，精心準備，及時熟悉與講話主題相關的內容，提綱挈領，打好腹稿，做到心中有數，胸有成竹。

(2) 目光親和效應

眼睛是心靈之窗。心理學家研究證明，目光交流是人類情感交流的最佳方式。年輕人談戀愛時，會眉目傳情。同樣，即興演講脫離了文稿，演講者由原先的注視文稿到離開桌面而目視聽眾，環視會場。聽眾會有一種被講話者「放在

第十講　即興發言的制勝法寶

眼裡」的感覺,從心理上拉近了演講者與聽眾的距離,聽眾便對講話者有了一份注意。這種目光之間的注視,實際上是一種心與心的交流,帶給聽眾一種親和感,增強了講話的吸引力。

(3) 姿態感染效應

照稿唸臺詞的人,大多動作姿態單一。一般以呆立的站姿,拿稿為主,很難配以必要的手勢。而即興演講者由於脫稿而講,身體可坐可立,手勢可招可揮,大有縱橫捭闔之勢。良好的手勢動作、言談舉止,是語言的必要補充,能增添了說話的風采,會極大地增強語言的感染力和號召力。所以一個協調、得體、大方的手勢動作,有可能為觀眾留下美好乃至永生不滅的印象。

(4) 熱情煽動效應

常言道:「語為情動,言為心聲。」以情感人,是照稿唸詞難以達到的效果。即興演講擺脫了文稿的束縛,使思維的天地更加廣泛,演講者語調時高時低,頻率時緩時急,時而慷慨激昂,時而聲情並茂,時而機智幽默,時而妙趣橫生,時而抑揚頓挫。在嚴峻複雜的場面神態堅定冷靜,在悲痛的場面穩重嚴謹,在歡欣熱烈的場面熱情洋溢。掌握了場面氣氛和聽眾的心理,臨場發揮,觸景生情,貼近聽眾,緊扣人

掌握即興演講中的「四個效應」

心,引起共鳴。這是「竹編師傅」在書房裡挖空心思也編不出來想不到的,因為不可能事先掌握到場面氣氛和聽眾的心理。

「羅馬不是一天造成的。」即興說話的技巧是多方面的,練就臨場發揮的程度也非一日之功,要在實踐中不斷鑽研和鍛鍊這門學問。

第十講　即興發言的制勝法寶

在即興發言中掌控局面的技巧

據聽眾的反應，機智靈活地應變，才能真正吸引聽眾目光、使聽眾豎起耳朵聆聽，才是成功的即興演講。

要想即興演講獲得成功，不僅要講好，而且在講話過程中需仔細注意觀察聽眾的反應，根據聽眾不同方式的反饋，機智靈活地採取應變措施，積極地影響聽者的情緒，調整和控制講話的局面。這是保證演講成功的一個重要條件。

具體方法需要據當下情形而定，下面略舉幾例：

面對聽眾情緒不高的場面，需要重整情緒，激發熱情。

第四屆上海國際電視節開幕式文藝晚會上，臺灣搖滾歌手高凌風上臺唱完第一首歌〈黃土高坡〉時，只有零零落落的幾點掌聲。面對此情此景，高凌風說：「我來上海的次數太少了，上海沒有幾個人認識我，這從剛才那零零落落的掌聲可以看出……」說到這裡，聽眾鼓起了掌。當然，這掌聲的含義是複雜的，不少人是出於禮貌，但不管怎樣，歌星與聽眾的心理隔膜之牆已經開始變薄。掌聲剛落，高凌風又大聲說了一句：「我在臺灣就聽說，上海的觀眾最富有同情心，今天一見，果然是這樣，謝謝！」這時掌聲再度響起，不過這一次，是聽眾真心熱烈的掌聲。

這種局面的改變,重要的是在於他即興發表感想,影響了聽眾,疏通了與聽眾的情感。

而面對聽眾與講者對抗的情緒,需要冷靜處理,穩住局勢。

一位教師接手了一個放牛班的班導工作。在一次班會上,老師總結了前段時間的全班工作,正當對近期值日生打掃教室不負責任的行為提出嚴厲責備時,一個學生冷不防冒出一句:「掃個屁!」這位老師頓時火冒三丈,大聲追問:「誰說的?站起來!」這時,一位個頭較高的女生慢慢地從座位上站起,兩眼直視老師。此時此刻,課堂上的空氣彷彿一下凝固了,全班同學個個睜大了眼睛,一動不動地望著老師。老師環視了一下全班學生,冷靜下來,以最大的毅力克制著狂怒的情緒,朝她微微一笑,輕聲說:「很好,妳很勇敢,先坐下吧!不過,我要糾正的是,『屁』是不能『掃』的,只能放。」全班同學都笑了,那位女同學也不好意思地低下了頭,凝固的氣氛一下緩和下來。老師抓住這個有利時機,繼續進行工作總結與改進評量,收到了意想不到的效果。

面對聽眾調皮的情形,需要順水推舟,引向正道。

繆老師新接了一個班的課,面對全班四十多個陌生的面孔,開始了他的第一次開場白:「同學們,我姓繆……」在他正準備轉身板書「繆」字的時候,突然不知從哪個座位發出一聲模仿貓咪的叫聲:「喵……」於是引起了哄堂大笑。這時,

第十講　即興發言的制勝法寶

只見繆老師微笑地發揮道：「同學們別忙著先誇我『妙』，從今天起我們一起來學習，到時候再請你們評價我，看看到底是妙還是不妙……」

這一「發揮」機智地設計了一個「誤解」，使師生首次見面出現的「危機」轉化為親切和融洽。

面對突然發生的情況，需要借「情」發揮，吸引聽眾。

有一年，侯寶林表演相聲時，正說到：「……前面有一個火盆，旁邊人舉著一杯酒，當新娘子邁過去的時候，往上面一灑，火苗子一起來，預示著他們以後的生活旺旺騰騰的。可是，您說這要把褲子燒著了怎麼辦？」下面「嘩」地笑了。正巧這時外面有輛消防車路過此處，「嗚哇嗚哇……」觀眾都往外看，不知怎麼回事，場面亂了，侯寶林卻很鎮靜，「各位，各位，您聽見了沒有？這不定是哪家結婚把褲子點著了。」「嘩」觀眾一樂，又回來聚精會神地聽相聲了。

控制即興演講局面的方法多種多樣，但總合的要求是根據聽眾的不同反應和現場出現的不同情形，適時採取臨場應變措施，營造良好的演講氛圍。

即興演講的成功祕訣

張口結舌，東拉西扯；泰然自若，有條不紊。聰明的你願意是前者還是後者？

即興演講通常是在一特定的場合下，演講者事先未做準備，只是根據當下情況需要而作的臨時發言。因此，即興演講在思維的敏捷性、語言的邏輯性和口頭表達的雄辯性方面都有更高的要求。

如何做好即興演講，避免因措手不及而陷入難堪的境地呢？美國演講專家理查總結了即興演講的「四步曲」，這四步是：

◆ 第一步：「喂，喂！」

在演講前，我們必須首先呼喚起聽眾的興趣。理查說：「不要平鋪直敘地開始演講，『今天，我要講的內容是保障行人生命安全⋯⋯』你最好這樣開頭，『在上星期四，特購的450具晶瑩閃亮的棺材已運到了我們的城市⋯⋯』」理查設計的這一開頭語雖然不符合我們亞洲人的忌諱心理，但它無疑具有一種先聲奪人的氣勢，它能激起聽眾的疑惑，使他們很想弄清楚事情的究竟。

第十講 即興發言的制勝法寶

◆ **第二步：「為什麼要費這個唇舌」**

理查說，接下去你應向聽眾講明為什麼應當聽你演講。若談交通安全問題，可以這樣講：「不講交通安全，那訂購的 450 具棺材也許在等待著我、等待著你、等待著我們的親人。」理查所講述的「為什麼」既連繫著「我」（演講者），又連繫著「你」（聽講者），還連繫著場外你我有關係的千千萬萬的「親人」，這使所有的與會者在不知不覺間成了他的「俘虜」，在心理上與他產生了共鳴。

◆ **第三步：「舉例」**

理查指出，比如談交通安全問題，你若用活生生的事例來說明那些會使人們送命的潛在因素，遠比只講那些乾巴巴的條文要好得多。事實上，演講的傳播媒介主要是口語，以體態語言輔之。與書面語相比，口語和體態語言在傳達事例方面比傳達條文更具有優勢。特別是即興演講，我們更要注意在這方面揚長避短。

◆ **第四步：「怎麼辦」**

理查要求演講者注意的是，一定要告訴聽眾你談了老半天究竟是想讓人家做些什麼，最好能講得生動一點、具體一點、實際一點。從根本上說「怎麼辦」是演講者的目的所在。如果演講者忘記了這一步，或者這一步處理不好，就會給聽

眾留下無的放矢或不知所云的感覺。

理查還認為,「為什麼」和「舉例」這兩部分便如餡餅裡最精華的餡料,美妙滋味全在裡面。而這兩部分得與引人注意的開頭「喂,喂」和結尾的「怎麼辦」相呼應。

掌握理查的「四步曲」,能使我們在大庭廣眾之中泰然自若,有條不紊地陳述自己的觀點,而不會陷入張口結舌、東拉西扯的窘境。

第十講 即興發言的制勝法寶

第十一講　談判中的不敗策略

企業之間、國家之間、甚至兩人之間,都會有談判的場合發生,在談判之中正確運用剛柔並濟,學會說「不」、綿裡藏針等技巧,你便會掌握主動權。

● 第十一講　談判中的不敗策略

談判中如何順利切入正題

　　語文學習中有一種叫「興」的修辭手法，用途乃是為了緩解氣氛。比如說，若你要向人借錢，先談談天氣之類的總比你直接要錢好吧？

　　談判開始之時，雖然雙方人員外表彬彬有禮，但往往內心忐忑不安。尤其是談判新手，更是如此。

　　這種時候，採取迂迴入題的辦法，可以消除這種尷尬狀況，平息自己的情緒，使談判氣氛變得輕鬆、活潑，為談判成功奠定一個良好的基礎。

　　所謂迂迴入題，就是從話題以外入題，讓人在不知不覺中融入到談判之中。

- 可以談談關於氣象的話題。如：「外面雨下好大啊」、「今年的氣候很怪，都十一二月了，天氣還這麼熱」、「還是生活在南部好啊，一年到頭，溫度都這麼適宜」。
- 可以談有關旅遊的話題。如：「世界第一高樓哈里發塔，各位去過沒有？」、「巴黎的羅浮宮堪稱一絕，沒有參訪過那是一大遺憾」、「各位這次旅遊前去阿里山，遊玩後的印象如何？」

談判中如何順利切入正題

- 可以談有關娛樂活動的話題。如:「昨晚的舞會,大家盡興了吧?王小姐舞姿翩翩,真是獨領風騷啊!」、「這幾天很紅的那部電視劇,劇情很精采,各位可以看看」、「離我們這間飯店不遠,有一家 KTV,聽說很不錯,不知各位去過沒有?」
- 可以談有關新聞的話題。如:「最近新冠肺炎疫情很嚴重,大家不要輕易出國啊!」
- 可以談有關衣食住行的話題。如:「這裡的飯菜口味,各位吃得慣嗎?」、「這幾天天氣很冷,要注意多加衣服,感冒了可就麻煩了」、「這裡的居住條件還不錯,尤其是有冷氣,比其他山區的民宿好多了!」
- 可以談有關旅行的話題。如:「各位昨天的航班有整點準時抵達嗎?一路上辛苦了」、「這裡的飛機票一向不好買,各位計算好哪一日回去,最好提前幾天買票!」
- 可以談有關嗜好、興趣的話題。如:「先生喜歡種花嗎?最喜歡哪一種?」、「釣魚最重要的是有耐心,否則就談不上釣魚了」、「我也喜歡集郵,但就是時間不夠,所以蒐集品種不夠豐富……」
- 可以談有關名人的話題。如:「聽說某影星要出任某大片的主角,這真是再恰當不過的人選了,很可能是下一屆奧斯卡獎的熱門人選」、「×××告別體壇了,這麼年輕就退役,實在可惜!」

第十一講　談判中的不敗策略

　　題外話內容豐富，可以說是信手拈來，不花力氣。根據談判時間和地點，以及雙方談判人員的具體情況，脫口而出，親切自然。也不必刻意修飾，那樣反而會給人不自然的感覺。

　　如對方為客，來到己方所在地談判，應該謙虛地表示各方面照顧不周，沒有盡好地主之宜，請諒解等等。

　　也可以由主持人介紹一下自己的經歷，說明自己缺乏談判經驗，請各位多多指教，希望透過這次的晤談建立友誼。

　　或者在談判前，簡要介紹一下己方人員的學歷、經歷、年齡、成果等，由此打開話題，既可以緩解緊張情緒，又不露鋒芒地顯示了己方強大的陣容，使對方不敢輕舉妄動，亦等於暗中為對方施加了心理壓力。

　　或在談判開始前，簡略介紹一下己方的生產、經營、財務等基本情況，提供給對方一些必要的資料，以顯示己方雄厚的實力和良好的信譽，堅定對方與你合作的信心。

如何在談判中試探對方意圖

　　如果一句隨意的問話就可以為你節省一大筆辛辛苦苦賺來的血汗錢，你還會拒絕這樣的問話嗎？

　　談判中，「投石問路」是一種常用的策略。作為買主，便由此能從賣方那裡得到一些主動提供的資料來分析商品的成本、價格等情況，以便作出更恰當的抉擇。

　　「投石問路」是一種對對方的試探，它在談判中常常藉助提問的方式，來摸索、了解對方的意圖以及某些實際情況。

　　當你作為買主在討價還價時，你可以提出下列問題：

　　「假如我們訂貨的數量加倍，或者減半呢？」

　　「假如我們和你們簽訂一年的合約，或者更長時間的合約呢？」

　　「假如我們自己提供材料呢？」

　　「假如我們要求改變產品的規格呢？」

　　「假如我們採取分期付款的方式呢？」

　　「假如我們自己解決運輸方面的問題呢？」

　　當你想取得對方的情報，獲取所需要的資訊時，可以提出下列問題：

第十一講　談判中的不敗策略

「請您告訴我，為什麼半個月後才可以發貨？」

「請問這批貨物的出廠價是多少？」

「請問，提貨地點在哪裡？」

「究竟什麼時候才能到貨？」

當你想引起對方的注意，並引導他的談話方向時，可以這樣提出問題：

「您能否說明一下，這種類型商品的修理方法？」

「如果我們大批定貨，貴公司能不能充分供應？」

「您有沒有想過要增加生產，擴大一些交易額？」

「請您考慮簽訂一份三年的合約，好嗎？」

當你希望對方做出結論時，可以這樣提問：

「您想訂多少貨？」

「您對這種樣式感到滿意嗎？」

「這個問題解決了，我們可以簽訂協議了吧？」

當你想表達己方的某種情緒或想法時，可使用這類問話：

「您是否調查過本公司的財務狀況和信用？」（表現出自信和自豪的情緒）

「對於那個建議，您的反應如何？」（引起他人注意，為他人思考指引方向）

「不好意思，您是否知道這是達成協議的唯一途徑？」（引起對方注意，引導對方自己做結論）

如何在談判中試探對方意圖

總之，每一個提問都是一粒探路的「石子」。你可以透過對產品品質、購買數量、付款方式、交貨時間等問題來了解對方的虛實。

同時，不斷地投石問路還能使對方窮於應付。畢竟賣方拒絕買方的提問一般是很不禮貌的。

面對這種連珠炮彈式的提問，許多賣主不但難以主動出擊，而且寧願適當降低價格，而不願疲於回答詢問。

當然，並不是買方採取上述方法，就能獲得談判成功，或得到多少便宜。如果賣方採取更高明的手段來回擊這種「投石問路」，那麼，買方的這種策略就難以奏效。

如果買主投出一顆「石子」，賣方可以先要求對方下單，當作他提問要求的前提條件，這麼一來，買主就不敢輕易提問了。

還可以以冗長的回答來使對方感到厭倦、以不著邊際的解釋來答覆對方，使買主由於不勝其煩而收斂自己不斷提問的欲望。

使用「反客為主」的辦法不失為一個高招。當買主「投石問路」後，賣方稍做解釋，就反問對方，使對方處於被動的境地。

一個精明的賣主，可以將買主投出的「石子」變為一個良機。

第十一講　談判中的不敗策略

還可以針對買主想要知道更多情況的心理，進行有意識的引導，提出反建議，把對方扔過來的「石子」輕鬆地扔還給對方。

「您問的問題我答覆了，怎麼樣，請您考慮我的條件吧？」

「您想知道的情況就是這些，您只要訂購的數量多一些，就可以享受優惠價格，這個條件，可以接受了吧？」

這種因勢利導，較容易使談判成功。

剛柔並濟的談判技巧

　　與人為善，多多益善，蕭伯納與胖子資本家的教訓實在值得我們汲取啊！

　　談判是變幻莫測的大千世界，談判人員若不善於應變，就不能有效地控制局面，駕馭談判局勢。善於應變，才能使人具有適應複雜環境的能力，就能使人遇事不亂，達到預期的目的。

　　不論是外交場合的談判工作乃至日常生活中，都會發生一些令人難以預料的局面和出現一些難堪事，如何去對付這種局面和事件，如何巧妙地把來自對方的難堪情緒和自己鑄成的差錯所造成的危機事件處理得好，便是一種高明的手腕。在人們的生活中，在許多談判場合下，事情的成敗關鍵往往取決於此。

　　在談判交際場合，會遇上各種各樣不通情理的人，他們好戲謔作樂，專以挖苦諷刺別人為快。你如果任憑對方戲謔，侮辱，不免顯得笨拙而又無能，但假如回敬的方法不巧、不當，反而顯得有失禮儀又破壞氣氛。

第十一講　談判中的不敗策略

英國大作家蕭伯納年輕時身體很瘦弱,一次宴會上,有一個胖得像豬一樣的資本家取笑他說:「蕭伯納先生,一見到你,我就知道世界上正在鬧饑荒。」在場的人一聽此話,不免為蕭伯納捏一把汗,而蕭伯納卻彬彬有禮地回答道:「我也一樣,一見到先生,就知道了世界上鬧饑荒的原因。」

機敏巧妙的反駁,使在場的人敬佩不已。

如何在談判中應對對方

　　總之，談判中的應答技巧不在於回答對方的「對」或「錯」，而在於應該說什麼、不應該說什麼和如何說，這樣才能產生最佳效果。

　　談判中回答問題，不是一件容易的事。

　　因為，不但要根據對方的提問來回答，並且還要把問題盡可能地講清楚，使提問者得到準確的答覆。

　　而且，對自己回答的每句話都得負有責任，因為對方可能把你的回答理所當然地認為是一種承諾。這就給回答問題的人帶來一定的精神負擔與壓力。因此，一個談判者水準的高低很大程度上取決於他答覆問題的水準。

　　答話者要將問話者的範圍縮小，或者對回答的前提加以修飾和說明。

　　回答問題，要給自己留有一定的餘地。在回答時，不要過早地顯示你的實力。

　　可先說明一件類似的情況，再拉回正題。或者，利用反問把重點轉移。

第十一講　談判中的不敗策略

例如：

「是的，我猜想你會這樣問，我可以給你滿意的答覆。不過，在我回答之前，請先允許我提一個問題。」

若是對方還不滿意，可以這樣回答：

「也許，你的想法是正確的，不過，你的理由是什麼？」
「那麼，你希望我怎麼解釋呢？」等等。

問話者如果發現了答話者的漏洞，往往會追根究柢地追問下去。所以，回答問題時要特別注意不讓對方抓住某一點繼續發問。

為了這樣做，藉口問題無法回答也是一種迴避問題的方法。

例如：

「這是一個無法回答的問題。」
「這個問題只好留待今後解決。」
「現在討論這個問題為時尚早，是不會有什麼結果的。」

回答問題前必須謹慎思考，而要做到這一點就需要充分的思考時間。

一般情況下，談判者對問題答覆得好壞與思考時間成正比。正因為如此，有些提問者會不斷地催問，迫使你在沒有充分思考問題的情況下倉促作答。

如何在談判中應對對方

　　這種情況下，身為答覆者更要沉著，你不必顧忌談判對手的催問，而是轉告對方你必須謹慎思考後，才能給予準確地回覆，因而需要時間。

　　談判者有回答問題的義務，但是這並不是等於談判者必須回答對方所提的每一個問題。特別是對某些不值得回答的問題，可以禮貌地加以拒絕。

　　例如有些談判者會在談判中提些與談判主題無關的問題，回答這種問題顯然是浪費時間。或者，對方會有意提一些容易激怒你的問題，其用意在於使你失去自制力。回答這種問題只會損害自己，因此可以一笑置之。

　　談判者回答問題，應該具有針對性，有的放矢，因此有必要了解問題的真實涵義。

　　同時，有些談判者會提出一些模稜兩可或旁敲側擊的問題，意在以此探查對方的底細。而對這一類問題更要清楚地了解對方的用意。否則，輕易、隨性地作答，便會造成己方的被動。

　　有時可以用資料不全或需要請示等藉口來拖延答覆。

　　比如，你可以這麼回答：

　　「對你所提的問題，我沒有第一手的資料來答覆，我想，你希望我為你做詳盡並圓滿的答覆，但這需要時間，你說對嗎？」

第十一講　談判中的不敗策略

　　當然，拖延時間只是緩兵之計，它並不意味著可以拒絕回答對方提出的問題。因此，談判者要進一步思考之後如何來答覆問題。

　　當談判對手對你的答覆做了錯誤的理解，而這種理解又有利於你時，你不必去更正對方的理解，而應該將錯就錯，因勢利導。

　　談判中，由於雙方在表述與理解上的不一致，誤解對方意思的情況經常發生。

　　一般情況下，這會增加談判雙方訊息交流與溝通上的困難，因而有必要予以更正、解釋。但是，在特定情況下，這種錯誤理解能夠為談判中的某一方帶來好處，因此可以採取將錯就錯的策略。

　　比如：當買方詢問某種商品的供應條件時，賣方答覆買方可以享受優惠價格。而買方把賣方的答覆理解為，如果他想享受優惠價格就必須成批購買。而實際上賣方只是希望買方多購買一些，並非買方享受優惠價格的先決條件。

　　如果買方做了這樣的理解後，仍表示出購買的意向，賣方當然不必再把自己的意思解釋一遍。

恭維在談判中的妙用

「好話不嫌多」，你只要懂得巧妙地說好話，就會發現，其實創造奇蹟也沒什麼難的。

恰到好處的「恭維」，往往能讓你的對手徹底地臣服於你。

「我和船上的外科醫生，在輪船抵達直布羅陀後，上岸去附近的小百貨店購買當地出產的精美羊皮手套。店裡有位非常漂亮的小姐，遞給我一副藍手套。我不要藍的。她卻說，像我這種手，戴上藍手套才好看呢！這一說，我就動了心，偷偷地看了一下手，也不知怎麼的，看起來果真相當好看。我左手戴上手套試試，臉上有點發熱——一看就知道尺寸太小，戴不上。」

「啊，正好！」她說道。

我聽了頓時心花怒放，其實心裡明知道根本不是這麼回事。我用力一拉，可真叫人掃興，竟沒戴上。

「哦，我瞧您肯定是戴慣了羊皮手套！」她微笑著說：「不像有些先生戴這手套笨手笨腳的。」

我萬萬沒有料到竟有這麼一句恭維話。但我明明就只是一般地將手套戴上而已。我再用力一下，不料手套卻從拇指

第十一講　談判中的不敗策略

根部一直裂到手掌心去了。我還拚命想遮掩裂縫。店員小姐還一味地大灌迷湯，我的心索性就一橫到底，寧死也要識抬舉。

「哦，您真有經驗。」（手背上開口了）

「這副手套對您正合適 —— 您的手真細巧 —— 萬一繃壞，您可不必付錢。」（手心的布料也綻開了）

「我一向看得出哪位先生戴得來。」（照水手的說法，這副手套的後衛都「溜」走了，指關節那裡的羊皮也裂穿了，一副手套只剩下叫人看了好不傷心的一堆破布）

但我頭上被戴了十七八頂高帽子，沒臉聲張，不敢把手套扔回這美麗小姐的纖手裡去。我渾身熱辣辣的，又是好氣，又是狼狽，可心裡還是一陣高興；恨只恨隨我來的兩位仁兄居然興致勃勃地看我出洋相。當時真巴不得他們都見鬼去。我心裡真有說不出的害臊。面上卻開開心心地說：「這副手套的確很好，正好合手。我喜歡合手的手套。還有一隻手套也給我吧，我到街上再戴。店裡頭真熱。」

店裡的確很熱，我從來沒有到過這麼熱的地方。我付了錢，好不瀟灑地鞠了一躬，走出店門。我有苦難言地戴著這堆破爛，走過這條街，然後，將那丟人現眼的羊皮手套扔進了垃圾堆裡。

以上故事引自美國著名大作家馬克‧吐溫《老憨出洋記》。這裡，作家以第一人稱手法，詼諧、誇張而又淋漓盡致地描述了談判心理力量的精采一幕。

而這位小百貨店的美麗小姐，為了說服顧客買她的羊皮手套，恰到好處地利用人們心理和情感等方面存在著的人性弱點，拋出一頂頂高帽子，讓他走進自己的死巷，跨入她設置的陷阱。

而這位愛面子好虛榮重尊嚴的顧客，寧死也要識「她」的抬舉，於是在被灌了一肚子迷魂湯後，在心裡「害臊」和面上「開開心心」的矛盾下，戴著這堆「丟人現眼」的破爛羊皮手套走人。

這裡，漂亮的店員小姐不是以色服人，而是緊緊抓住人性弱點步步進攻，導致對方不能做出更精明的選擇而屈服在她的腳下。

第十一講　談判中的不敗策略

談判中運用激將法的技巧

「請將不如激將」，陳圓圓不愧為一代佳人，相貌佳，智慧也佳。

「激將上鉤法」重在人的心理戰，讓人在某種情緒衝動和鼓動之下做出毅然的舉措。

明末年間，闖王李自成進北京，將吳三桂的愛妾陳圓圓捉拿到大營。

李自成目光一掃到陳圓圓的芳容，不由得心中一動，暗自道：「果然是個天生尤物，難怪吳三桂要為她拚命！」

坐一旁的劉宗敏也被陳圓圓的姿色迷住了。

這種「禍水」絕不能留。李自成對侍衛示意說：「把她拉出去，勒死！」

陳圓圓不等侍衛動手拖扯，自己站了起來，面對李自成，看他一眼，微微冷笑一聲，然後轉身就走。

興許，陳圓圓的這一看一笑，把李自成的心給勾住了。李自成大喝一聲：「回來，妳冷笑什麼？」

陳圓圓聽到闖王喝聲，就又跪下，說：「小女子早聞大王威名，以為是位縱橫天下、叱吒風雲的大英雄，想不到……」

「想不到什麼？」闖王問。

「想不到大王卻會畏懼一個弱女子！」

「我怎麼會畏懼妳？」

「大王，小女子也出自良家，墮入煙花，飽嘗風塵之苦，實屬身不由己。初被皇親霸占，後被吳總兵奪取，大王手下劉將軍又圍府將小女子搶來，皆非小女子本意。請問大王，小女子自身又有何罪過？大王仗劍起義，不是要解民於倒懸、救天下之無辜嗎？小女子乃無辜之人，大王卻要賜死，不是畏懼小女子又作何解釋呢？」

李自成被陳圓圓這一席話問住了，許久不能回答。他抬起手和聲道：「妳且起來說話。」陳圓圓緊接著又陳述了殺她與不殺她的利害得失：「現在，大王如果把我這小女子殺戮，對大王毫無益處，卻必定激起吳總兵更大的復仇心，吳總兵必會日夜兼程，追襲不休；如若大王饒小女子一命，小女子必感念大王不殺之恩德，保證讓吳總兵滯留京師，不再追襲大王……」

李自成被說服，沒有殺陳圓圓，且好生待她。但最後她又重歸吳三桂，那是後話。

陳圓圓於生死關頭沒有向闖王討饒示弱，而且利用她的高傲，也以「冷笑」傲之，以一個「畏」字激之，使李自成收回令侍衛「勒死」的命令，而她也得以脫險。

● 第十一講　談判中的不敗策略

第十二講　說服他人的絕對祕訣

說服作為一門藝術，時時刻刻存在於日常生活中，而要想勸服成功，就得全身心地投入，除了要有堅忍不拔的意志，更需要靈動富有智慧的技巧，才能夠化被動為主動，化不利為有利，最終戰勝對手，讓對方接受你的條件和要求。

● 第十二講　說服他人的絕對祕訣

如何與被說服者同一戰線

　　使敵對者擁護你的方法有很多，但是，不要忘記這裡有一條鐵的定律：那就是請你預先注意別人所要提出來的反對意見，把他們的反對意見，看作是與你的計畫同等的重要。

　　任何時候，「我的」這個詞是十分重要的。譬如我的家、我的信仰、我的國家、我的上帝，都是我們視為最尊貴的。我們不僅不喜歡人家指責我們的錯誤，就是說我們一聲不大好，也會對之產生反感。任何人都喜歡堅持相信自己已經相信的事物，而不希望別人來加以反對。凡是有人對自己相信的東西表示反對時，我們一定會找尋許多的方法、許多的理由來辯護。

　　你在說話時，如果一開始就說：我要證明這個，我要證明那個，這是絕非聰明的辦法。因為你的對手，一定會因此認為你好像在對他們做出類似挑戰的宣告。他們便會譏諷地說，我們瞧你的！並站在與你敵對的觀點立場上。但如果你一開始就著重講些和你的對手意見相同的事情，然後再提出他們所樂於解答的問題，那就便利多了。你可以做得好像在和他們共同探討問題的答案，然後再把你觀察得十分透澈的事實提出來，引誘對手在不知不覺中接受你的結論，並對你產生信任感。

如何與被說服者同一戰線

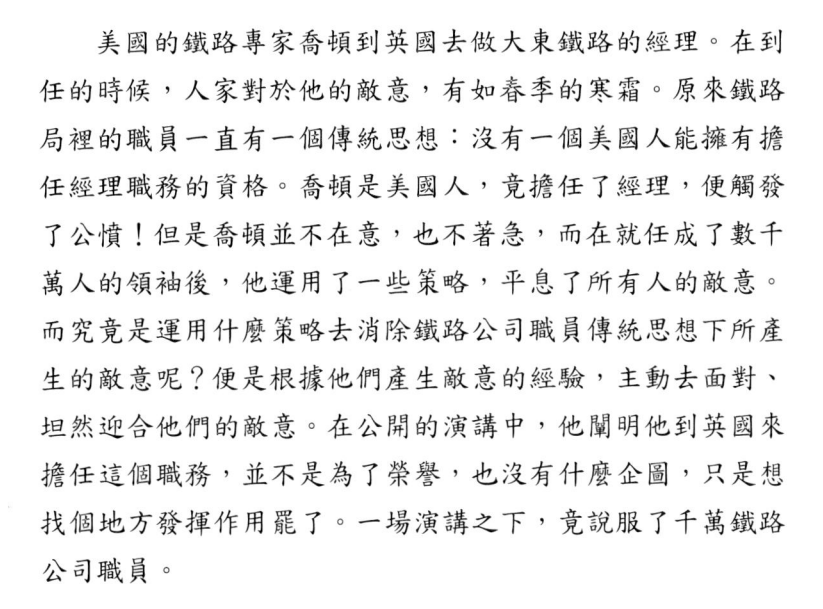

美國的鐵路專家喬頓到英國去做大東鐵路的經理。在到任的時候，人家對於他的敵意，有如春季的寒霜。原來鐵路局裡的職員一直有一個傳統思想：沒有一個美國人能擁有擔任經理職務的資格。喬頓是美國人，竟擔任了經理，便觸發了公憤！但是喬頓並不在意，也不著急，而在就任成了數千萬人的領袖後，他運用了一些策略，平息了所有人的敵意。而究竟是運用什麼策略去消除鐵路公司職員傳統思想下所產生的敵意呢？便是根據他們產生敵意的經驗，主動去面對、坦然迎合他們的敵意。在公開的演講中，他闡明他到英國來擔任這個職務，並不是為了榮譽，也沒有什麼企圖，只是想找個地方發揮作用罷了。一場演講之下，竟說服了千萬鐵路公司職員。

又一則故事：

電話發明者貝爾，有一次出門籌款，他到一個大資本家斯貝特先生的家裡，希望他能夠對於他正在進行的新發明投一點資金。但他知道斯貝特是一位脾氣古怪的人，而且向來對於電氣事業不感興趣。他開頭時並不對他說明能獲得多少利益，也不向他解釋科學理論，據貝爾的傳記上記載，過程是這樣的：他彈著鋼琴，忽然停止了，向斯貝特說：「你可知道，當我把這踏板踩下去，只要驅動鋼琴發一個聲音，這鋼琴便會重複地發出這個音來。你覺得這個連結有趣嗎？」斯貝特當然摸不著頭腦，更不知其中的含義，於是便放下手中正在閱讀的書本，好奇地詢問貝爾，然後貝爾詳細地對他解

第十二講　說服他人的絕對祕訣

釋了和音和複音等電話機的原理。這場談話的結果，使斯貝特很情願地負擔了一部分貝爾的實驗經費。

我們不是常常看見有許多奇妙的技藝終究歸於失敗嗎？結局不過是觀眾聳一聳肩膀或揚一揚眉毛罷了。這便是沒有能夠真正運用說服祕訣的緣故。而貝爾卻能以新穎的產物混合於平常熟悉的事物之中，很自然地運用了這一策略。斯貝特的鋼琴就是幫助他完成妙計的首要功臣。消除了他們之間不同的意見與個性，使兩人從此走上密切合作之途。

現在我們也許能這樣下結論：新穎的東西必須與我們的經驗接近，才能引起我們強烈的注意，才能夠引起我們的好奇心。

大科學家富蘭克林，在參加一個地區的議會選舉時，遇到了極大的困難。原來是有一名新上任的議員，對他發表了一篇長幅的反對演講。在那場演講裡，竟把富蘭克林批評得一文不值。遇到了這樣一位出於不義的敵人是多麼棘手的事呀！那該怎麼辦才好呢？

富蘭克林告訴我們：「我對於這位新議員的反對，當然不高興，可是，他是一位知名度高且有學問的紳士。當然，我絕不對他表示一種卑陋的阿諛，以取得他的同情與好感，我只是在隔日之後，運用了一個適當的方法。我記得曾經有人說過，他藏書室裡有幾部很名貴且珍稀的書，我就寫了一封簡短的信給他，說明我想看看這些書，希望他慨然答應，借

如何與被說服者同一戰線

我幾天。他立刻就把書送來了，大約過了一個星期，我就將那些書送去還他，另外附上一封信，很熱烈地表達了我的謝意。他以前是不和我談話的，可是，當我們下一次在議院裡遇見的時候，他居然跑上前來，和我握手談話了，而且非常客氣，還對我說，在一切事情上都要幫我，於是我們逐漸成為知己，有了美好的友誼。」

富蘭克林的這一故事，粗看起來似乎有些平常的過分，但你仔細一想，這在富蘭克林的成功上是十分關鍵的因素。我們也該用類似的策略去對付那些出於不義的敵人！

當我們想起自己曾經給予別人小小的恩惠，而被別人很感激地接受了的時候，我們不是會感覺到很愉快嗎？反過來說，我們不是常常看到，有些受別人恩惠太多的人，有時候反而想避而不見嗎？這就是因為我們幫助別人的時候，我們的自尊心引發起來了；而在我們受別人幫助的時候，我們的自尊心反而感覺到痛楚。許多領袖人物都曾看到了這一點，在幫助別人的時候，應當以不求報答為前提，這樣才可以保護那些人的自尊心，但同時，卻也正是給那人一種強烈的刺激。

但你應當知道，那些有才幹的人，他們往往都是故意讓別人對他們施以種種小惠，以之作為解決許多困難問題的對策。

第十二講　說服他人的絕對祕訣

舉一個例子來說：

美國有一個著名的廣告家史坦頓，忽然覺得一位老朋友漸漸地對他冷淡起來，且快要與之絕交了。因為這位朋友是名工程師，於是他就去請教他審查一幅新建水管裝置的設計圖，並且希望他提供一些意見。那工程師接受了那份設計圖，出乎史坦頓所料，他勤奮地工作著，並且立刻提出了許多切實的意見，並很快把那些圖樣送還了他。於是，兩人的老交情從這天起又恢復如初了。

美洲的太平洋鐵路建築師史密斯，在少年的時候也有過類似的軼事。

當初他們的職業是販賣皮貨，不得不和一個過往有些摩擦的獵戶當朋友。他利用了一個機會，去那個獵戶家裡借宿了一夜，沒想到一夜下來，兩人的摩擦完全消除了，而且成了知己。人的個性固然迥異，然而這種策略，是人類感情普遍需要的。對於一切常態狀況的人，它幾乎都能夠適用並且取得成功的效果。

無論是對上級還是對部屬，對於不認識的人還是親戚朋友，對於滿意我們的人還是不滿意我們的人，我們都應當留心那些人的性格與自己的不同之處在哪裡，他們的個人嗜好和習慣是什麼？但不論他們的性情、嗜好與習慣怎樣，可以這樣說，有一點放到任何人身上，得到的效果都是相同的。

就是當我們一旦對他人有所需求，便是他們最高興的時候。因此，當我們請求別人給我們一些他所高興給予的那些「小惠」的時候，就是他們的自尊心得到彰顯的時刻，而這也使他們開始愉快地注意我們。

第十二講　說服他人的絕對祕訣

「擺姿態」的深度說服技巧

　　對說服者而言：「姿態」就像人家常說的「舉手投足間，流露著情意」。微微揚眉、傾首、手迅速移開──這些都是對方意識裡的一種語言，應予以充分了解。

　　說服的過程，是思想、觀點的交鋒，也是雙方溝通的重要方面。而在這溝通的過程中，發生著一系列的感情粒子的變化，並且透過各種方式表現出來。人的姿態就是其中之一。

　　這裡採用「姿態」一詞，是就廣泛的意義而言的。它不僅指身體的移動，而是任何表情、情緒都包括在內。如緊張會臉紅、臉部肌肉收縮、局促不安、恍惚、大笑或沉默地瞪著眼等現象。這些都是非文字溝通的方式。

　　一位名叫費德曼的心理醫生曾經分析過五十多種不同姿勢和非文字溝通的表情，包括身體的移動、臉部表情、姿態和各種慣用語等。假如你遇見一位漂亮的女孩，身材優美，五官秀麗，穿著低胸的衣服。她會希望你「瞧」著她，給予某種方式的讚賞。假如沒有，她會覺得自尊受到了傷害。但假如你「看」著她，死死地盯著她，並顯示出你特別注意她低胸

「擺姿態」的深度說服技巧

的穿著,你就是窺探她,侵犯到了她,她會覺得有些畏縮,並且認為你不是個紳士。

訓練有素者總是耳聰目明,用眼睛和你說話,那是一種技法。像耶穌會的箴言說的那樣,聰明的人總是有一顆深沉的心和深具洞察力的容貌。

如果觀察敏銳的話,任何行動、姿勢和小動作都會傳達你對方的一些蛛絲馬跡。舉例,假如你希望別人認為你是個權威人物,你就要坐在桌子的前端。而若是團體談判冀望成功的話,你就要想辦法和對方坐在同一側,故意與對方在同一邊。對於己方提出的意見,以一來一往的方式對答唱雙簧,進而達到反面說服的效果。

而有些時候要處理問題只有運用直覺。男人很佩服女人的直覺,這與男人的洞察力有近乎相同的作用。女人注意細節,而且事情能看得很準確。任何一位女人在她養育嬰兒的頭兩年裡,都必須靠非語言的方式和嬰兒溝通,因此女人的直覺比之男人更加敏銳。假如我們具備了了解對手姿勢的技巧,加上能洞察細節的敏銳眼光,還有女人與生俱來的直覺,我們每個人就都是良好的判斷者,可以在任何時候說服對方。

但是,在判斷非文字溝通時,我們應當避免武斷。這裡有一個例子可作為說明:

第十二講　說服他人的絕對祕訣

有一組陪審團參加刑事審判，要審判時，有位陪審員站起來說：「對不起，我要走了。」問她為何，她說一看見那個被告，就知道他是罪犯。隨即法官請她坐下來保持肅靜。結果這個被她直覺地認為是犯人的卻是地方法院的檢察官。

文化的差異不僅影響著我們對姿勢的解釋和表現，同時也影響著我們的思考模式，更影響著我們對社會結構的態度，對諸多現象的解釋也都不一樣。比如在英語體系裡，說時鐘是「跑的」，但在西班牙語裡卻說時鐘是「走的」。還有在西班牙不說趕不上車，會說是車子拋棄了他。

而據美國經濟學家的說法，早期美國移民與印第安人發生衝突的一個原因是因為雙方對於財產的定義不同。對印第安人來說，任何人都不應對可捕魚、可狩獵的土地擁有獨占權。同時，印第安人認為他們賣土地、交換刀子或珍珠，只不過是轉移狩獵權而已。很自然，當白人獨占了土地所有權後，印第安人會感到憤怒和困惑不解。但是，從白人角度而言，卻認為印第安人欺詐、說謊，因為他們不履行合約移交土地，這便是兩種文化所造成的溝通失敗。

嬉笑怒罵中的說服藝術

請記住可穩操勝券的各種戰鬥方法，就你所遇到的對手和局面，選擇那些最便捷最可靠的方法。熟知攻擊之道，小至冷嘲熱諷，大至迎頭痛擊，全在於嬉笑怒罵是否運用得駕輕就熟、爐火純青！

注意你的一舉一動，嬉笑怒罵，都可以成為你在交際上不可或缺的戰術。

美國前總統羅斯福便有這種馭人能力。他能夠使初次見到他的人頓生一種特殊的好感，因為他對於任何人都能給予恰當的讚美。

林肯也是一位善於運用讚美的人。他曾說過：「一滴蜜糖，比一斤毒藥所能捕獲的蒼蠅要還要多！」所以，他往往揀出一件足以使人自矜和能引起興趣的事，然後說一些真切而能滿足對方自矜和興趣的讚賞，這是他日常必有的行為。

因此，恰當的頌揚，可以用來抬高別人的自尊心，獲得別人的善意與合作。無論男女，不論職業，人們都喜歡適乎其類的讚賞。這是一種感化人們的有效辦法。

不過，你必須先了解他人的性格與弱點，再決定你進攻

第十二講　說服他人的絕對祕訣

或頌揚的方式。你要先觀察他人最愛好談論的題材，因為語言是心底的聲音，他心底最希望能被實現的，嘴裡一定會對這一方面講得更多。所以，你也就找到了投他所好的辦法。因此，我們要使頌揚奏效，只需心中牢記幾點各人性情的不同之處就行了。須知凡事誇大的人，他們的虛榮心是最重的，他們往往有一種強烈的潛意識，不論在何時何地，只要人們對他阿諛奉承，他便會顯形於色。許多有為的人不然，他們只在某事件上喜歡被恭維。而循著這樣的公式進攻，你是不會失敗的。

每個人都可以培養說服他人的能力。本著你的學習和觀察，透過興趣和實驗，必然會有著巨大進步，同時我們也可以遵循古今名人走過的路，也非常可行，用不著另闢蹊徑，只需按照前路追蹤上去，就能嘗到甜頭。

我們並不會缺乏這種基本能力：能與人相處的和諧、善於應付他人，人們都是具備這些能力的。我們有眼睛、聲音、耳朵和面部的肌肉等工具，無論是何種天才，也不會比他人多出這些東西。但是，他們為何能應付自如，而我們卻偏偏不能呢？一句話可以說明白，那就是：他們知道利用這些工具，使他達到目的，我們卻不懂得這些本領和方法。若再說得具體點，就是知識與技能嫻熟問題罷了。

我們可以發現，幽默有時亦不失為一種戰鬥方法。

或以一種冷酷的形象,亦可作為情緒上交鋒的辦法。有時人們能見到某人制服他人的方式,便是只管三緘其口而不理睬他。我們也可採用這種簡單的方法來制服他人,不應戰,能夠控制自己的喜怒,卻仍保持著如同已上膛槍枝的冷靜鋒利、蓄勢待發。嬉笑怒罵在這類人看來往往只是一種策略,只有在穩操勝券時才會用到這些表面情緒。

真正的戰士知道怎樣控制並顯露他的外部情緒,他對每一個人、每一種場合,在判斷何哪個時刻適合發動攻擊之前,就已預備好了陣勢,且快速擬定了採取何種策略來指揮戰鬥。故面對問題,要對付得當,不僅要知道如何應付,更要緊的是要知道什麼時候才是最恰當的出擊時刻。

第十二講　說服他人的絕對祕訣

將心比心的巧妙說服

在這個世界上,可以造就奇蹟的最大力量,就是你的心。如果心中沒有發覺事物的欲望,則這個世界上任何新事物都不可能發現,也不會發生。這就是你應該探尋一下你的心與開拓成功之路的計畫究竟有什麼關聯的原因。

要了解對方,說服對方,甚至操縱對方的先決辦法之一就是先了解自己。《孫子兵法》上的「知彼知己,百戰不殆」就告訴了我們這個道理。自我洞察力就是「知己」的法寶之一,任何人都能藉由體察身心來發現自己的新價值,而且它會與我們永遠同在,絕不會變質腐爛。所謂「知己」,就是了解自我行為的法則,並探究其中原因,檢討自己的見解與信念。「自我洞察力」也就是探索個人內心的能力。

培養自我洞察力的方法很簡單,只要表露出你本來的面目即可。你要學會毫不矯揉造作地待人接物,不要以「別人都這麼做」、「我這麼做,別人是不是會笑我」,或者「我這麼做一定可以得到別人的讚美」等等的態度來面對人與事。

自我洞察力與掌握、支配他人的力量有相當密切的關係。因為一般來說,人的行為都有某種基本形跡可循。因此

在日常生活中，我們多多少少已經在某種程度上實踐。例如：當你拜訪朋友時，他正在院子裡砌一個水泥臺，且快接近完工階段，這時你就會讚美他幾句：「你真能幹啊」、「手藝不錯嘛」。你知道對方絕不會討厭你的這種誇獎，因為你自己就是如此。由於知道自己需要他人親切的讚美，所以可以預測對方也會有相同的心理，因此你才會說出能讓他對你產生好感的話，這就是由知識化所產生出來的說服力最明顯的例子。如果你能培養這種能力，就可能更加強有力地獲得知道更多事情的技巧。

因此，要成功地說服、支配他人，首先必須使你自己的存在有價值、有意義。如此，便能使對方自動地來找你，受你支配。而你的確具有這種力量與能力，不要忘記了，也切勿妄自菲薄。

人可以不辭辛勞跋涉千山萬水，只為了與知心的朋友共聚一堂，做一次徹夜長談。但很不幸的是，有許多人卻認為自己沒有談話的對象，也沒有可以信賴的、能互相訴苦的朋友。

而在這種孤獨的想法背後，往往是有事實根據的。不過相反地，這世界上也有許多並不孤獨的人，但是他們喜歡替別人亂出主意，或一開口便牢騷滿腹，甚至喜歡改變別人，好管閒事。其實這兩種人都並非人們所需要的人，一般人所

第十二講　說服他人的絕對祕訣

需要的是可以了解他、理解他、喜歡他、安慰他的人。

「的確如此。」當你對人說出這句話時，表示你能體會他的心情及他說的意思，而對他來說，你具有強大的魔力，足以吸引他。

任何人都可以培養起了解他人的能力，只要他能自如地掌握相關技巧。最重要的一點是，使對方和自己能同時產生可以看透對方內心的力量。比如說，當對方在工作時覺得疲憊不堪，因此向你發牢騷、抱怨的時候，如果你能夠洞悉人心，便能立即察覺到他一定是心有不滿或不服氣，因為單純肉體上的勞累是不會發牢騷的。而當人們在精神上感覺疲倦時，只有兩個原因：一是他在做不想做的事；二是他不能做想做的事情。如果你了解這一點，你便能幫助這些在精神上疲倦的人，從精神的桎梏中解脫出來。

「的確如此」這短短四個字，就是你能向他人說出的最體貼、最溫柔的一句話。換句話說，就是對方最樂於聽到的一句話。

下面就讓我們看看「感情移入」的魔力。所謂「感情移入」，就是以我心換你心的將心比心的態度。它能使你具有了解對方的情緒與心意的能力，使你具有支配他人的力量。這裡要列舉的就是因為體諒之心的感情移入，而獲得人們感激與歡迎的例子。

美國洛杉磯的一位牧師，當地人每當遭遇困難時，經常透過電話向他訴說，並請他發表建議。他說：「每當電話一響，我就會盡快拿起話筒。這樣做是有心理學依據的。因為大部分的人如果有問題要問我，都會有點害怕，害怕打擾我，害怕破壞我日常生活的寧靜，所以他們在撥電話號碼時，心裡已經感到不安了，倘若此時我接電話的間隔長一點，他們就會更加不安，不過如若我立刻拿起電話接聽，往往在這一剎那間，便能消除他們大部分的憂慮了。也許打電話的人並沒有很明顯地意識到這一點。但是當電話立刻接通後，我相信他們一定會是比較安心的。」

像這類小事情，因為牧師刻意的「感情移入」，便更能受到眾人的喜愛與尊敬了。你不妨特別注意一下，尤其當你與職位高的人接觸時，或對別人有所請求時，就更能體會到這位牧師所說的話。

所以當他人心情不好或正在發脾氣時，「感情移入」是最有效的辦法。因為對方正經歷著痛苦的狀態。他會迫切需要能夠緩和這種壓力的人。無論是有意識還是無意識，世界上所有的人都希望能夠避免不安，不安是心靈最痛苦的經歷。因此每一個人都希望能盡全力逃避它。

第十二講　說服他人的絕對祕訣

掌握承諾的力量

「是」與「不」生來是可以互相轉化的，關鍵在於你如何掌握了。不過，千萬別為不值一提的挑釁而震怒，這樣你的說服就會毫無意義可言。

有時一個小小的承諾，就能在人們的平靜生活中激起浪花。所謂承諾，就是指約定，也就是指能使對方贊成你的意見，並且熱衷完成你所擬定的計畫。當你允諾對方：「如果你順從我，我會給你很多好處，比如……」這樣的承諾就會像炸藥一般炸碎對方內心對你的防範，他會對你充滿期待。莎士比亞曾說：「約定……就是張開期待的雙眼……它是世界上最優雅、最美麗的東西。」從這句話可以看出，莎士比亞是一位深知承諾力量的專家。

在商業界，人們隨處可見承諾的力量。只要你稍稍注意一下，你就知道他們的承諾方式了。譬如說，你到鞋店去買鞋，店員會以什麼態度對待你呢？他會說：「這雙鞋子穿起來很舒服」、「買這雙絕不會吃虧」、「你穿起來真好看，你的朋友一定會讚美你的」；如果你是買童鞋的話，他就會說：「這雙鞋非常結實，小孩子蹦蹦跳跳的也不容易壞」。這些針對顧客心理的話，就是對顧客做出承諾，因此很容易使顧客心

掌握承諾的力量

動,進而買下這件東西。

承諾為何會有這麼大的力量?原因在於一個人除非他自己對某件事情有過經驗,否則他在做每一件事時,心裡總會抱持著半信半疑的態度,不敢妄下結論,評定這件事究竟是好還是壞。因此,他會期待著你在一旁,敲鑼打鼓一番,說些好話,以增加他的信心。只要你向他提出承諾,他往往就會順水推舟地表示相信你,並做出決定。

然而,當你許下約定後,如果希望對方對你永遠保持忠誠,便應該給予對方回饋。換言之,你必須實現你的承諾,否則,你所得到的好結果將僅僅是曇花一現,對方會永遠對你失去信心。

下面這一段,是一位男子煞費苦心地勸說女朋友答應他的邀約的對話:

「妳今天真漂亮,晚上六點我們出去吃頓飯,聊聊天,好嗎?」

「不行。」

「我們應該多了解彼此一點。就在六點好了,到時我來接妳。」

「不行。」

「說不定我們可以遇到一個我們喜歡的人,或是一件有趣的事呢,就是今晚六點鐘吧!」

第十二講　說服他人的絕對祕訣

「不要。」

「六點鐘見面以後，我們可以吃頓飯，看場電影，然後到咖啡廳坐坐，我們會有一個非常美妙的夜晚，還是去吧！」

「是嗎？」

「我發覺我越來越喜歡妳，今天晚上一定要見到妳，就六點鐘，我來接妳。」

「那好吧，六點見了。」

以上這段對話，雖然稍有誇張，但這裡頭就用了不少令對方不知不覺說「是」的技巧。包括若干說服對方的基本原則──執拗性，能令對方興奮、奉獻自我等。促使對方說「是」的方法有很多，這裡的目的就是讓你以最簡單的方法，促使他人對你說「是」。

現在，你不妨從你身旁的任何東西開始想起，你會發覺，你所有一切幾乎都是經由他人的同意而得到的。「要求－得到」，這是我們日常生活的原則。要求的方式分為許多種類：嬰兒大聲哭喊從而獲得牛奶，年輕人花前月下的甜言蜜語因而得到婚姻的對象，麵包店的老闆把剛出爐的熱麵包放在店門口，以麵包香噴噴的味道引起過往行人的購買欲。

我們日常所要求的都是些什麼呢？無非是要引人注意，想藉助於對方，想與對方合作，想得到對方的同意等等。「要求」是我們日常生活中非常重要的事情。而真正厲害的要

求,是我們所要求的事讓對方無可拒絕,亦即誘使對方對我們說「是」。

讓對方說「是」其實比想像中的容易。因為任何要求的答案只有兩種——「是」與「不」。

開始時,此兩者各占一半的機會,因此,只要能稍加努力,那否定的一半就會變成肯定的了。

有一位企業家,最大的嗜好就是種番茄,種出的番茄又大又紅又甜。他在接受記者採訪時講的一番話很有啟發性:

「我認為一切事情成功的祕訣,就在於制定一個遠大的目標,然後全力以赴。我就是下定決心要種出自然界裡最大、最好的番茄,所以我才能集中全力,不斷地研究、改良品種、研究栽培。同時,我只以栽種番茄為唯一目標,沒有留下自我失敗的餘地,就像過河士兵般,只有拚命向前了。所以我相信任何人,只要他對一個目標付出全力,就一定會成功。」

這段話充分表現出集中力量,便會對自然界產生很大的影響力。當然,這個原理用在人類身上,也會產生奇蹟似的效果。

如果有人對你的意見吹毛求疵時,有一個法則可以讓你征服對方。這個法則就是「對於不值一提的抗議,不要誇張地給予回應,即使對方的語氣強硬,你也不必產生強烈的反應」。

第十二講　說服他人的絕對祕訣

　　當然，如果對方的抗議是有根據、有理由的，那麼我們回答的方式就比較簡單了，因為能做此種抗議的人，必然是一位明理的人，所以你只要合情合理地回答他就可以了。

以退為進的說服策略

要讓別人熱衷於你的計畫,必須先鎖定某個對象來參加你的計畫,倘若可能的話,不妨讓他先從容易一點的事入手。而這些容易成功的事情,在他們看來,往往會高興地視為一種真正的成功。

富蘭克林在自傳中說:「除非你有把握,否則你最好不要說,我確認如此。」這是一種反對說話時過於專斷的觀點。換言之,講話要留有餘地,不要說得太滿。

最好能養成一種習慣:忍受其他人講話中的矛盾,並且小心地控制自己的評斷語氣,甚至要抑制自己的情緒。比如斟酌使用會表現出某些特定意見的字詞,或某些措詞的所帶來的語氣,將「當然」、「毫無疑問」等等,試著以「我認為」、「就我了解」、「我想」、「目前對我而言是這樣的」之類的委婉話語來代替表達會更好。

而當認為別人的判斷錯誤時,也不要立刻反駁他的矛盾點,或者指出他敘述中的荒謬處。你會發現這種態度的改變是明智的,會使你參加的談話能更愉快地進行。越是謙虛地提出意見,別人會越容易接受你的意見,同時自己也越不容

第十二講　說服他人的絕對祕訣

易陷入自相矛盾的地步。更重要的是，這將更容易說服別人放棄己方的成見和錯誤的觀念，並贊同與接受自己的意見。

這是事實：人們總是比較珍惜難以得到的東西。你的對手也不會欣賞容易得到的成功。所以假如你真的想讓對方快樂，就讓他們爭取需要經歷一些考驗的東西。除了不要太快讓步外，也不要太快提供對方額外的服務，如允諾快速送貨、由己方負責運費、遵照對方的規格要求、提供有利的條件或者降低價格。即使要做這些讓步，也不要做得太快。千萬不要輕易讓步而令對方從容取勝。

古人曾提出過，要如流水般的抵抗。水流在壓力下被迫流入不熟悉的河道時，總是暫時引退，等到合適的時候，再慢慢地滲透。起先是緩慢的，再後來逐漸成為一股很大的衝擊力。

當對方固執己見的時候，我方應聰明地學習水流的抵抗方式，先後退，繼而傾聽、思考，而後再慢慢地向前移動，所以措詞要留有餘地。

關於「以退為進的說服方式」，一位行家曾經有過如下的親身經歷：

要實施某項計畫，必須說服經理同意。而主任對於這項計畫也很感興趣，願意在說服經理時在旁支援。於是我倆到了經理的辦公室，首先由我做了大致的述說，經理思考片

刻,就問主任:「你覺得怎麼樣?」誰知道主任的回答語出驚人:「呀,兩邊都好!」我不由得懷疑自己的耳朵,他明明答應做我的後盾,怎麼變卦了?這究竟是怎麼回事?於是經理只答應「考慮、考慮」,結果這個計畫被冷凍起來了,就差一步而已。當時只要主任鼎力相助,肯定會通過的。

「真是個不守信用的人」,我在心裡對主任很有意見,但是後來才知道,這全是我的誤解。

第三天下午,經理表示同意了。原來主任只是暫時表示出什麼都好的態度,然後再說服了經理。但如果當時主任和我一起鼓起如簧之舌努力想說服經理,經理會做出什麼決定,就難以預料了。或許他不同意的原因就在於以為我們串通一氣來逼他就範。

對說服的內容不關心,給人似乎反對這種方法的感覺和印象,反而能抓住對方的心理。讓對方將你視為決策的參謀。

在這世界上有你說右他說左、你說向上他偏往下的人,如果有這些怪癖的人是你的說服對象,那麼說服這種人最好利用「反對式的說服」。如果你想讓他說右,與其說你贊成右,倒不如明示贊同左,此時他會說:「什麼話?應該是右邊才對呀!」這樣他就在不知不覺中掉入了你的陷阱裡。

「以退為進」的說服法是人人可學的。一個頑固的對手常常在你故示軟弱的態度中,毫不傷感情地被擊倒。

第十二講　說服他人的絕對祕訣

那麼,「以退為進」的說服法,具體而言有哪些要領呢?下面要介紹的,就是幾個常用的基本「戰術」。

(1) 使用「是……但是」法

這是經常被使用,且具有極大效果的方法。無論對方說什麼,都應回答「對、對……」,接著再找機會心平氣和地對他說:「可是,還有一些問題,我們還得慎重考慮。」

任何人在當面被反駁時,都會產生排斥對方意見的反應,即使明知對方有理,卻仍會如此。

因此,先回答「對、對……」的目的,並不是表示贊成對方的意見,只是向對方表示「你所說的話我懂」的意思罷了。

只要你表示出能體會對方心情的態度,對方便會喪失攻擊的能力。尤其當他感情用事時,聽到你這麼說,很快就會冷靜下來。而且透過雙方進一步交換意見後,對方通常也會發現自己的錯誤。

(2) 無孔不入地滲透

首先提出微不足道的要求。由於對方通常會心想:「這一點點要求……」,因此很容易便會答應。接著,你應該立即提出稍大的要求。像這樣,接二連三地使對方答應你的要求後,成為既定的事實。

下面介紹的,則是在辯論或會話中使用此方法的情況。

A:「你贊成對進來的人員進行嚴格的訓練吧?」

B:「當然贊成。接受稍微嚴格的訓練,對他們而言,只有好處。」

A:「但是,負責訓練的人選,也應該慎重考慮。」

B:「對,管理人員也要加以訓練,好讓他們更理想地管理部下。」

A:「完全贊成。聽你這麼說,我大有自信。然而,主管他都忙得不可開交,哪有機會進行主管的訓練呢?」

B:「但為了好好訓練新進人員,也別無他法。」

在這個例子裡,最先由對方所接的話題「新進人員的訓練」談起,接著適當導出此次談話的重點——主管的訓練。這是由小處著手,而逐漸達成目的的戰術。

(3) 請教對方

任何人只要一聽到對方先說出自己所熟知的事,或一直以為明明是自己最先發現、最先想到的事時,必定會加以評論。相反地,自己若站在施教的立場上,則變得非常寬容,凡是自己所知道的,無不全盤托出。

這類方法之所以能產生效果,主要是對方的自尊心在起作用,令對方產生優越感,最後,對方答應為你做的事,往往會遠超過你所期望的。

第十二講 說服他人的絕對祕訣

以此方法對待小孩尤其有效。當然,對付大人也不例外。

(4) 放氣球看看情況

想要正確地判斷現在是否應後退,要後退到何種程度,以及要後退到哪裡再前進,都可以使用以下辦法。

首先,找個適當的時機,先放出一個語言的探測氣球就行了。如果覺得風的阻力太強,便止住,不可魯莽行事!但若聽到大家都發出歡迎的聲音,則大可放手去做。

只是表現的方式要慎重選擇。在此要遵守兩條原則:第一必須能掌握對方的反應;第二眼見快要受到攻擊時,應立即將氣球拉下收回。

「你認為,如果使用這種方法,結果會怎樣?」

例如:「像××公司就是採用了這種方法,不知是否也適用於本公司的情況?」像這樣,不使用武斷的說法,也不要讓對方抓到語言上的小辮子,使他無機可乘。

凡是成功的人,都不是視野狹窄的人,他們不僅了解自我,而且還能深知他人。從某種意義而言,弄清對方的觀點,是說服中先退一步又進一步的方式,在此基礎上說服他人,則更增加了勝利的機率。

當我們觀察一個人時,他執著的是什麼?他所忽略的是什

麼？他的喜怒哀樂是什麼？他震驚恐懼的是什麼？他驕橫的原因是什麼？他膽怯的原因是什麼？他過去做過什麼？現在正在做什麼？將要做的是什麼？倘若我們不急於去說服他人，而是退而先問若干「什麼」，那麼就易於摸清對方的情況了。

美國一位知名政治家在辦公室接見客人時，就是用這個方案來進行的：他和每一個客人低聲談話時，以傾聽客人說話的時候最多，常常有許多人告訴他許多事情，使他獲得了很多知識和資訊。有時，來訪的客人不善辭令，木訥不語，他也總是設法將談話的內容擴大，廣泛地牽涉到許多話題，直到從中搜出該客人最有興趣的題目，接著他就靜悄悄地坐著，傾聽客人講話了。

只要把自己置於一個友善淵博的傾聽者的地位，就可以顯示你對別人是誠心的、有興趣的，這能使對方滔滔不絕地講出自己的想法。

這裡還有一個十分簡單的方法，但是許多人常常忽略了。就是當別人興高采烈地談到自己有興趣的話題時，卻沒有同樣喜形於色，反露出使對方覺得乏味的神色的話，就是沒有明白認真傾聽對方的重要性，這樣結果自然容易失敗。

雷特是紐約論壇報的總編輯，他正在物色一個人，一位有才幹的助理編輯；一位可以使報紙及編輯它的總編走紅的人物。而他正狩獵，等待著這位編輯人物的出現。

第十二講　說服他人的絕對祕訣

雷特的「獵槍」瞄準在年輕的約翰身上。那時，約翰剛在西班牙辭去了外交職務，準備到伊利諾斯州當一名律師。雷特邀請約翰到俱樂部吃飯，然後提議到報社玩玩。到了報社，他從許多電報中找到了幾條重要消息。那時正巧國際新聞的編輯不在，於是他對約翰說：「請坐下來，為明天的報紙寫一段關於這消息的社論吧！」約翰‧海自然不好意思拒絕他，只得提筆寫社論。

社論寫得很好，雷特請他再幫一星期、一個月的忙，漸漸地勸他成為副編。約翰也在不知不覺中放棄了回家鄉去當一名律師的計畫，而成了一名新聞職員。雷特憑著這樣的策略，獵獲了他的目的物，同時也滿足了約翰的興趣。但事前他一點沒有洩露出自己的意見，他只是勸約翰幫忙寫篇社論，最後達成了目的。

在運用這種策略時，要注意的是：說服別人參加我們事業的時候，我們應當要先引起別人的興趣。而當我們要誘導別人做一些很容易做的事情時，得先給他一點小勝利；當我們要誘導別人做一件很重大的事情時，則最好給他一個強烈的、富有挑戰性的刺激，使他對於做這件事有一個更加強烈的追求成功的欲望。在這種情況下，他的自尊心自然而然地被引出來了，他已經被一種成功的意識牽絆住了，就會很高興地為了這種追求挑戰的心理而去嘗試一下。

如何引導對方按你思路走

語言猶如魔術，全憑你這位魔術師怎麼運用。如果運用得當，技藝高超，你就能成為說服的高手。

要做到這一點，首先要重視詞句的編排。

當顧客為了買或者不買而猶豫不決時，你問顧客：「你要A還是要B？」這樣顧客就會以購買為前提，開始考慮要選哪一種商品。

在既誇獎又責備別人時，隨著先罵後誇或先誇後罵的順序不同，結果會完全不一樣。先罵後誇的效果較理想。因為這樣一來，誇獎的話會在對方心中留下更強烈的印象。

同樣的道理，要說出反對意見時，也不可一開口就說「不」，應該改說「是的……可是……」

例如：「是的，你所說的話我懂。至於我的看法，好像覺得……」，這時與其強調「可是」，不如說「至於」，這是使對方誤以為你已改變話題，而避免引起對方反感的有效手段。此方法可避免對方在你說話前先擺出反駁的姿態。

另一種說話技巧，是你有求於對方時，由小入大，漸入正題，使對方在答應傾聽你說話的基礎上，思路順著你

第十二講　說服他人的絕對祕訣

的話題發展。

此外還有一種可產生相同效果的方法，亦即先刻意提到你與對方的一致性，當對方掉以輕心後，再提及不同點。在實際運用中，只要你刻意渲染彼此的一致性，對方就會覺得那些相異之處都是微不足道的。

不妨再看一下這兩句話的不同。

當你分別以「你真是混蛋」和「你竟然也會做出這種事」兩種說法來責罵對方時，對方的感受肯定截然不同。因為「你竟然」的意思好像是我對你的期望很大，而「沒想到你竟然也會做出這種事」則頗有遺憾的色彩。

在表述中，除了要注意語詞的編排選擇外，還要注意邏輯的運用，使對方感覺到你思路清晰、嚴謹，無形中會減弱對方找你漏洞的興趣和自信心。

而在說服過程中，常有一些很懂得陳述技巧的人會說「總共有三點」這樣的詞句，但實際上根本沒有確切地說出三點來，只是對方往往忽略了這一點。

據分析，定價為99元的商品大都比定價100元的商品暢銷。雖然兩者僅相差1元，但顧客卻總覺得自己買了便宜貨，這就是所謂生意上的「九九經」。

「60％的人都在使用它」比「許多人都在使用它」更具說服力。由於人們無法一一追究數字的依據，因此只要你說得

出數字，人們便認為這是真的。這種手段在商品的廣告宣傳中被廣泛使用。在現實生活中，「數字中毒症患者」也非常多，即使你說話時不加修辭，只要虛構些數字就能產生效果。這便是原因所在。

「大家也都……」的說法也能產生極佳的效果。尤其對凡事都要觀望的、有強烈的從眾心理的人，更是一種十分有效的表述法。

「大家也都有意請你幫忙。」

「大家也都說不能贊成，你該怎麼辦呢？」

「大家」的說法，會在聽者心中產生一種無形的威脅。事實上，只要頭腦清醒的話，只要反問：「你所謂的大家是指誰和誰？一一舉出來吧！」這種說法自然就土崩瓦解了。但是，在現實中這麼冷靜、又這麼沒人情味的人是非常少見的。因而「大家」的說法仍然被廣泛使用且發揮作用。

還有一種更不易被察覺的圈套，也在說服中被使用。當你要推銷汽車時，首先要態度自然地和對方聊天，接著再告訴對方，你的車子還可以開很久，換新車未免太可惜了。這樣，對方便信任你了，即使你不主動提出，也會逐漸將話題扯到買車的事情上來。事實上，這種表述方法具有摧毀對方防線的效果。

而假如要阻止一個有心尋短見的人跳樓自殺，這是件非

第十二講　說服他人的絕對祕訣

常困難的事。但到了逼不得已的時候，說些令對方感到意外的話則會發生作用：「你這麼想死，那就去死吧！」

當你這樣怒吼時，對方很可能在瞬間呈現虛脫狀態，最後喪失勇氣。因為一個想跳樓自殺的人在聽到這些話後大都會感到意外，感到吃驚。事實上，這些人心中都有「關心我」和「別拋棄我」的潛在念頭。

當然，這是事關人命的話，不可輕率使用。特別是要注意對方的固有性格並據此選擇「懷柔」與「怒吼」兩種不同的勸告法。

所以如果你說出傷害或否定對方的話，亦即與他潛在意識相反的話時，他的行動就會受到限制。

在著名的故事〈國王的新衣〉中，就有出乎意料說法的例子：

國王想擁有一套全世界最華麗的衣服，便公開徵召裁縫師。不久，來了位男子，性急的國王擔心其速度不夠快，專程跑到裁縫那裡去，但裁縫師卻說：「陛下，這套衣服所用的布料，是世上獨一無二的，這套衣服只有聰明的人才看得見。當然，陛下自己會看得非常清楚的。」裁縫說著，假裝將衣服拿給國王看。

國王雖然什麼也沒有看到，但卻連連點頭說：「不錯不錯，真想馬上穿起來。」說完就回去了。

衣服完成以後，國王穿著新衣在大街上大肆遊行。雖然每個人都只看到裸體的國王，卻還是讚不絕口：「哇，好漂亮的衣服！」

最後，一個年幼的孩子揭穿了眾人的謊言，他大叫：「哇！國王光著身子！」

在這則故事中，裁縫師所使用的便是技巧性地讓人陷入虛榮心理的表述法。而在日常生活中，這種方法隨處可見。

「因為你是這方面權威，所以當然了解我的意思，希望你能協助我。」

只要如此先發制人，對方往往難以反應。

「在場的各位都是幹部，對於這個問題，自然已了解得一清二楚，所以，我就不再特別說明了。」

其實，只要你再繼續說明，就能發現他們或許根本還沒弄懂。但他們即使並不十分清楚問題，也不會再要求你說明。因為，「我不知道，請你告訴我」是一句十分沒有面子的、需要有足夠勇氣才能講出來的話。

● 第十二講　說服他人的絕對祕訣

第十三講　掌控情感磁場的藝術

與異性相處的時候，只有在恰到好處的時候說情話，方可從初戀逐漸發展，終得幸福。但情場裡有時也講究靈活，有些話大可反常理地去說，給人新鮮感，但仍須以成熟的心態去對待異性，才不致遭人反感。以下還有一些如主動道歉等最基本的說話技巧。總之，只要你善於應用，甜蜜自然就會向你走來。

第十三講　掌控情感磁場的藝術

與初戀來一場浪漫對話

美國作家馬克‧吐溫說：給予人適當的讚揚，盡量使聆聽者在愉悅中快樂，是你說話的魅力所在。

怎樣把握初戀這一「藝術」，使情竇初開的彼此增加更多交流的機會，並將豐富的思想、複雜的情懷、微妙的心聲，用適當的語言表達出來，進而點燃愛的火花呢？

交談是人與人之間傳遞思想、交流情感的最基本手段。如果人不善言辭，不會交談，很難想像能在社會這個廣闊的舞臺上演好自己的角色。而初戀的第一次交談，就需要配以藝術的感染力。

有許多青年男女往往一見鍾情。一見鍾情，顧名思義是戀愛雙方的直覺感官產生的，是由對方的形象、印象決定的，例如外貌、風度、言談等，使男女雙方的鍾情發生在一見之初。

大凡「一見鍾情」的戀人，當觸及「真愛」時，總是這樣表述：我好像被你深深地吸引住了；我或許愛上了你；妳是我接觸的女性中唯一勾住我心的人；妳真的很可愛，只是這時間過得太快了，明天我……

而年輕男女是很容易「變」友情為戀情的。所以對於這樣形式的戀人,就不能去談他們「第一次交談」了,只能說:在經歷了初識至普通朋友的漫長過程中,隨著時間,隨著年齡,隨著互相了解和感情的增厚,逐漸發展到戀情,並首次坦誠萌芽的愛情,啟開對方的心扉時,才可以稱為「第一次」。

列寧是在窩瓦河畔認識未來的妻子娜傑日達,且是在「吃第四張春餅時」愛上的。但由於革命工作繁忙,列寧只好把愛情深深地鎖在心靈深處。當列寧和娜傑日達被捕後,列寧用化學藥水寫了一封信給她,第一次向她表白了自己的愛情。而後,當列寧流放到西伯利亞後,因壓抑不住相思之苦,才寫了一封求婚信,信的末尾是這樣寫的:「請妳成為我的妻子吧!」面對列寧突然表白的求婚方式,娜傑日達勇敢地闖進了嚴寒的西伯利亞,投入了列寧的懷抱。

另一則故事:

馬克思與燕妮是「青梅竹馬」。馬克思進入了青年時代,有一次,他說道:「我已經愛上了一個人,決定向她求婚……」此時,一直摯愛著馬克思的燕妮,聽到馬克思這麼說,心裡頓時急躁起來,愣了半天,便問馬克思:「你能告訴我,你所選擇的女孩是誰嗎?」馬克思答道:「可以呀!」邊說邊將一個小方盒遞給了燕妮,還說道:「在裡面,打開它,妳便會知道,不過,只能在我離開以後……」等馬克思走後,燕妮的心裡七上八下地跳著。後來她終於開啟了盒

第十三講　掌控情感磁場的藝術

蓋,裡面只有一面鏡子,別無它物。燕妮恍然大悟,幸福地笑了,鏡子裡照出了她美麗的容顏,照出的正是被馬克思摯愛的燕妮自己。

而有些男女屬於性格內向、忠厚老實且不善言語的人。但在赴約相見的時候,無論男方或女方,都要克制忐忑不安的心境,用不著羞答答,「猶抱琵琶半遮面」,更不應該木訥寡言,吞吞吐吐。而是要落落大方,主動交談。可以談天氣、談周圍環境、談所見所聞,然後再言歸正傳,談年齡、談教育程度、談工作、談性格、談嗜好、談家庭情況、談社會關係等。且對於關於彼此逆鱗的話題,可以談清楚一些,有利於雙方的了解,以免將來產生誤會。而對於心靈深處的流露、情感方面的表白,則可含蓄、委婉、曲折些——這畢竟是「第一次交談」,留點懸念或許下次交談時易於「暢談」。值得注意的一點是,交談的話語都必須以適宜對方理解為基礎,否則你特地應用來為博取對方注意的「撇步」可能沒達到想像中的效果,反而還會造成誤解。

而毋庸置疑,如何在第一次約會時與戀人進行交談,並沒有什麼模式。因為人的性情不同,修養不同,氣質不同,職業不同,愛好不同,追求不同,他們的表達方式、言談內容都會不盡相同。但是,根據人的共同規律,可以總體列出一個「大綱」:在理想上要談得遠大些、實際些;在感情上要

豐富些,情真意切些;在情態上要表現出誠懇、穩重;在情愛的流露上要含蓄;在學識上要表述得淵博⋯⋯當然,談戀愛是門高深的學問,更是一門學無止境的藝術,戀愛本身亦又是多種因素的總和。

第十三講　掌控情感磁場的藝術

她（他）愛聽什麼，你就說什麼

當兩個相愛的人在一起時，即使不說話也是甜蜜蜜的，但關鍵是，如果你會說話的話，便可以給你們的愛情增添更美妙的回憶。

在愛情交往中，說話的藝術是最吸引人的重要元素，什麼話是對方愛聽的呢？無疑是神祕的，神祕意味著其中充滿了未知的可能與有待探索的東西。也就是激起人好奇心的催化劑。

初戀是迷人的，也是朦朧的。怎樣獲得心儀女孩的愛戀，第一次的談話十分重要。

要談她感興趣的話題，展現了你尊重她、關心她，這樣可以滿足她的自尊心。女性的自尊心很強，你與她交談時要千萬注意，盡量談她關心的、最有興趣的話題。為達到這個目的，在見面前你應當盡可能地了解她的興趣、愛好等情況，使你對交談有所準備。另一種辦法就是在交談中了解對方的興趣和愛好。

初戀，第一次交談要以她感興趣的話題為支點，這也許是你戀愛成功的第一級階梯。

這裡有一首歌頌愛情的詩：

你知否／有這樣一種魔力／它能使兩個人心心相印／能使這對人兒匹配成親。／他們在紅玫瑰花中煥發異彩／他們藏在柔軟的青苔如被單裹身。

這裡所說的「魔力」，就是表達的方式。

第十三講　掌控情感磁場的藝術

含蓄表達愛意的技巧

　　含蓄的總是深沉的，深沉的總是有個性的，用有個性的語言去求愛，往往能出奇制勝。

　　生活需要愛情，那麼戀人之間該如何表達愛情呢？當然，都是靠語言來完善感情交流的，古人說的「談情」便是這層意思。但是「完善感情交流」的語言是有含蓄和狂熱之分的，戀人之間最好含蓄地表達愛戀。

　　有些年輕人喜歡用狂熱的語言、露骨的方式，摯烈地向戀人表達自己的愛慕，它缺乏一種寧靜的含蓄之美，結果往往引起對方的反感，弄得事與願違，最終和對方分手。

　　生活中曾有這樣一位女子：長相不錯，但在選擇對象時總以日本男演員「福山雅治」為參照。青春幾何，一晃眼，這位女子已經三十多歲了。今天，女子終於和一個身材頎長、風度翩翩的男子相識了，女子很高興，唯恐失去自己的「意中人」，便很急於表達出自己對對方的愛慕之情：「我們結婚吧！我愛你。」

　　結局可想而知，男子認定女子有什麼不可告人的隱私，小心翼翼地和她分了手。但如果是含蓄的表達，插柳不讓春知，既文雅而又知禮，則能讓人們更易於接受。

與異性聊天的高超手法

既然是聊天,如果沒有什麼特別的話,還是輕鬆點好。

與異性聊天是一件很快樂的事,它不僅可以幫助你與周圍異性拉近距離,還可以了解異性的性情好惡。然而,有時也會出現下述情況:一種是因為對方是異性而產生許多顧忌,說每一句話都要深思熟慮,結果作繭自縛,言之無文,使對方覺得索然無味;另一種是誇誇其談,海闊天空,眉飛色舞,結果往往給對方一種「天花亂墜」的印象。更有甚者,聊天聊出許多麻煩。所以要想與異性閒聊能歡樂地進行下去,你要掌握以下訣竅:

(1)不要隨便承諾

俗話說:「一言既出,駟馬難追。」如果你想當個君子,就不要輕易在異性面前給承諾,因為女性對異性的承諾常會牢記在心,哪怕是瑣碎的小事。如果你忘了,或是難以兌現,她會認為你是一個不守信用的人。

(2)說話不要模稜兩可

當今社會,雖然人們的觀念大多更開放了,但對於男女之防,最好還是不要掉以輕心。因此,在與異性聊天時,有

第十三講　掌控情感磁場的藝術

話要明說,切勿模稜兩可,以免讓對方誤會,引起不必要的麻煩。

(3) 掌握好說話分寸

「人非聖賢,孰能無過?」既然每一個人都不可避免地會犯錯,為了表示友好,你最好不要指責對方的失誤之處,更何況對方還是異性呢!萬一不可避免地談及對方的錯誤時,你說話也應注意分寸。要表現出良好的個人修養,切勿咄咄逼人。

(4) 巧賣「關子」,增添趣味

為了活躍氣氛,增添趣味,你不妨賣些「關子」。比如說到某件事時,在半路突然打住,留下「伏筆」,再從別的地方繞過來。如果「伏筆」埋得好,常會妙趣橫生,引人入勝,使談話的雙方都覺得是一種享受。

(5) 變換角度

當談及一件事時,你應當盡可能地從不同的角度發表你的見解。這樣可以使對方覺得你有較強的分析綜合能力,對你說的話也才會信服。

(6) 移植角色

敘述一件事時,你盡可能試著用不同的角色說話,一會兒扮演這個角色,一會兒扮演那個角色,如果你的模仿力不會很差的話,這樣的敘述一定能讓對方耐心地聽下去。

(7)適時提問

如果對方表現得有些拘束或不善談吐,為了能讓對方多參與談話,你可以適時提出些能令她感興趣的問題。比如:如果你問對方:「有看過《八二年生的金智英》這部韓國電影嗎?」對方只回答說看了,但如果你這樣問:「妳覺得《八二年生的金智英》這部電影怎麼樣?」對方肯定會長篇大論地發表自己的感想。

(8)引經據典,講故事、笑話

為了充實你們聊天的內容,你可以適時地插入一些應景的故事、笑話,或者引經據典,出口成章,既能使談話歡樂地進行下去,又能給對方博學的印象。

第十三講　掌控情感磁場的藝術

善意謊言的妙用

總之，在與異性交往中，撒謊並非是完全禁止的。至於在某個時候，在某件事上該不該撒謊，那要根據撒謊可能產生的結果來判定。如果產生的結果是正向的、有益的，那麼把善意的謊言當成一種交往技巧來運用，也未嘗不可。

的確，撒謊是一件不值得提倡的事，因為從道德角度來看，這畢竟有些不太光彩。然而在異性間的交往中，撒謊有時卻是必要的，關鍵是你撒謊的動機和程度。為此，我們特別對異性間撒謊做了如下限定：

(1) 不翻陳年舊帳

最無益的事就是追悔往事，因為一個人難免有許多恩恩怨怨、是是非非，過去有，將來還會有，所以多想也無益，只要能記住並從中吸取教訓也就足夠了。異性之間，老翻陳年舊帳，只會為彼此的心裡投下陰影，也會讓對方覺得你心胸狹窄，不能容物。

(2) 掩飾傷害對方的事情

有些事，說出來會給對方很大的打擊，這種事我認為最好還是不說。比如你以前談過戀愛之類的事，你就盡可能地

不要告訴對方,特別是對方的觀念還很「保守」的情況下,這不會使對方感謝你的真誠,只會使對方對愛情的夢想破碎。這種說出來彼此都受傷害的事,為什麼非要說出來呢?難道只有說出來才能證明你愛他嗎?大概這中間沒有什麼必然關係吧?

(3) 模糊地回答愛憎

當你尚未清楚對方的愛憎觀或與對方的愛憎不同時,你最好不要明確表態,以免將自己置於與對方對立的境地。含糊其辭有時也可作為一種交往的技巧,不過它和「油滑」是兩回事。

(4) 不說解釋不清的真話

真話未必都是好話,因為它有時也可以傷人,特別是對那些心理承受力比較低的人,更易造成傷害。有些無法或不容易解釋清楚的事,你說出來不但不能使對方覺得你誠實可信,反而會使對方心頭疑雲密布,甚至引起更大的誤會。對於這種事,你又何必多費唇舌呢?

(5) 誇長處而略去短處

大凡想得到異性好感的人,總是盡量地把自己的長處展示給對方,譬如為人忠厚、熱情、事業有成等,而較少觸及自己的短處。這是人之常情,就連動物也是一樣,雄孔雀在

第十三講　掌控情感磁場的藝術

向對方求愛時，總是面對雌孔雀打開美麗的尾羽，而把醜陋的部分掩蓋在屏風後。這樣容易給對方一種完美的感覺，從而博得對方的好感。

(6)不表達額外的、不能實現的願望

年輕異性在一起，往往喜歡聊一些不著邊際的話題。有時，還喜歡用抒情的語調來表達自己美好的夢想，開口閉口是「如果有一天……」可是那一天根本就沒有希望到來，你的誇誇其談只是一種美麗的謊言，只會讓對方產生厭惡感。

善意謊言的妙用

國家圖書館出版品預行編目資料

會不會聊天啊：教你天橋下說書人的本事！/ 劉燁，劉惠丞 著. -- 修訂一版. -- 臺北市：沐燁文化事業有限公司, 2024.10
面； 公分
POD 版
ISBN 978-626-7557-51-8(平裝)
1.CST: 說話藝術 2.CST: 口才
192.32　　　　　　113014736

會不會聊天啊：教你天橋下說書人的本事！

作　　者：劉燁，劉惠丞
發 行 人：黃振庭
出 版 者：沐燁文化事業有限公司
發 行 者：沐燁文化事業有限公司
E-mail：sonbookservice@gmail.com
粉 絲 頁：https://www.facebook.com/sonbookss/
網　　址：https://sonbook.net/
地　　址：台北市中正區重慶南路一段 61 號 8 樓
8F., No.61, Sec. 1, Chongqing S. Rd., Zhongzheng Dist., Taipei City 100, Taiwan
電　　話：(02) 2370-3310　　傳　　真：(02) 2388-1990
印　　刷：京峯數位服務有限公司
律師顧問：廣華律師事務所 張珮琦律師

-版權聲明-
本書版權為作者所有授權崧博出版事業有限公司獨家發行電子書及繁體書繁體字版。
若有其他相關權利及授權需求請與本公司聯繫。
未經書面許可，不得複製、發行。

定　　價：350 元
發行日期：2024 年 10 月修訂一版
◎本書以 POD 印製
Design Assets from Freepik.com